KB187030

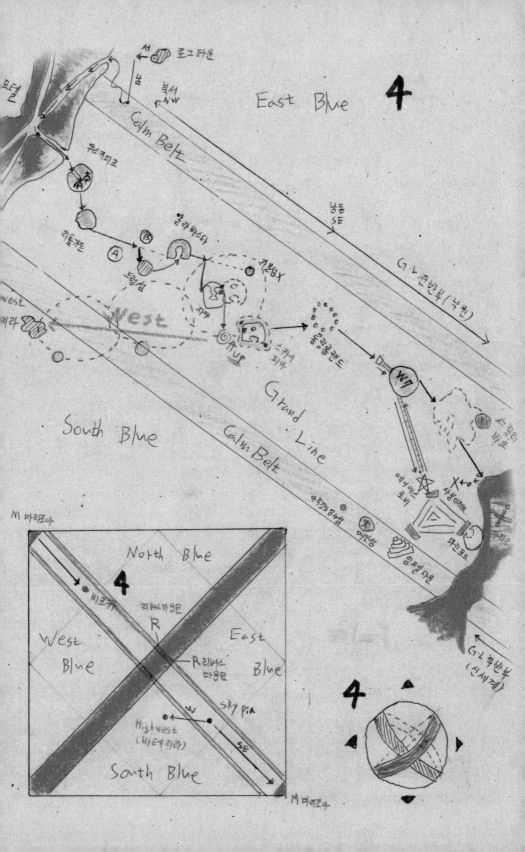

OPS
ONE PIECE SECRET
원피스_비밀 완전분석

1판 1쇄 인쇄 | 2014년 6월 13일
1판 1쇄 발행 | 2014년 6월 23일

지은이 | 정종호
기 획 | 한복전
교 정 | 홍영숙
디자인 | 배경태
펴낸이 | 배규호
펴낸곳 | 책미래

출판등록 | 제2010-000289호
주 소 | 서울시 마포구 공덕동 463 현대하이엘 1728호
전 화 | 02-3471-8080
팩 스 | 02-6353-2383
이메일 | liveblue@hanmail.net

ISBN 979-11-85134-10-9 03680

국립중앙도서관 출판시도서목록(CIP)

원피스 비밀 완전분석 = OPS one piece secret : 대한민국 최초 원피스 연구서 / 지은이: 정종호. -- 서울 : 책미래, 2014
p. ; cm
ISBN 979-11-85134-10-9 03680 : ₩16000
만화[漫畵] 평론[評論]
657.10913-KDC5 741.5952-DDC21   CIP2014017274

OPS
ONE PIECE SECRET

원피스_
비밀 완전분석

정종호 지음

책미래

이 L-file은 앞서 진술한 글에 의존해, 새로운 글을 전개하는 기법을 철저하게 따를 것이다.
증명을 필요로 하는 추측을, 증명 없이 그냥 사실로 받아들이는 일은 가급적 지양할 것이다.
'월리 가론'의 'G'가 나에게 가르쳐 준 바를 따를 생각이다.

〈참고 도서〉

ONE PIECE

• 만화가 : 오다 에이치로(Oda Eiichiro)
• 출판사 : 일본 슈에이샤(株式会社集英社), 한국 대원씨아이

〈ONE PIECE〉 1~68권 단행본
〈ONE PIECE RED GRAND CHARACTERS〉
〈ONE PIECE BLUE GRAND DATA FILE〉
〈ONE PIECE YELLOW GRAND ELEMENTS〉
〈ONE PIECE GREEN SECRET PIECES〉
〈ONE PIECE 외전 WANTED!〉
〈ONE PIECE COLOR WALK〉 1~5권
〈ONE PIECE FILM STRONG WORLD〉
〈ONE PIECE – Dive to Grand World〉

걸리버 여행기

• 저자 : 조나단 스위프트(Jonathan Swift)

그것은 절대 풀 수 없어!

저는 One Piece를 알게 되었고, 그 비밀을 풀고 싶었습니다. 그 과정에, 이런 말을 들은 적이 있습니다.

"그것은 절대 풀 수 없어!"

과연 풀 수 없을까요? 저는 풀 수 있다고 생각합니다. 그래서 저 나름대로의 가설을 세우고, 단서를 찾았습니다. 그렇게 완성된 가설을 다른 사람에게 알리고 싶었습니다. 이것이 제가 글을 쓰게 된 동기입니다. 물론, 제가설이 틀렸을 수도 반대로 맞을 수도 있습니다. 그 판단은 제 글을 읽은 여러분이 결정할 몫입니다. 그리고 만화〈One Piece〉가 진행되면서 진위 여부를 확인할 수 있을 것입니다.

제가 생각하는 One Piece 가설! 엄청난 그 비밀! 그 규모는 꽤 방대합니다. 그 비밀의 시작이 Part One에서 다루는 가설입니다.

제가 쓰고자 하는 가설 중에서 가장 확실하며, 여러분이 쉽게 동의하실수 있는 부분이 지도에 대한 내용이라 생각합니다. 왜냐하면 지도를 직접제작하며 만질 수 있기 때문입니다. 이해를 돕기 위해, 지도 관련 동영상까지 제작했습니다. Part Three에서 지도와 관련된 부분을 따로 뽑아 Part Zero로 만들었습니다. 그래서 1권에서는 Part Zero(지도)와 Part One(고대왕국)을 수록하게 되었습니다.

이제 재미있게 읽으셨으면 합니다.

One Piece L-file
Part One. 2개의 퍼즐 - 고대왕국 편

One Piece D-file

ONE PIECE
L-FILE
PART ZERO,
지도 편

Part Zero 프롤로그

D : 고무 고무 총! 나는 해적왕이 될 거야!

L : 녀석! 그렇게 One Piece가 좋으냐?

D : 그럼요. 얼마나 재미있는데요.

L : 하긴, One Piece에 숨겨진 비밀까지 생각하면 대단하긴 하지.

D : 숨겨진 비밀이요?

L : 그래. 왜? 궁금하니? 알려줄까?

D : 네. L 선생님. 알려주세요.

L : 녀석! 보자. 뭘 먼저 말해줄까? 악마의 열매? 해루석? 티치? 흠! 아니야!
   아니야! 그래! 그게 좋겠군. One Piece 세계지도에 대해서 알려주마. 세
   계지도에 대해서 알고 있니?

D : 그럼요.

L : 어디 한 번 설명해주겠니?

D : 둥근 공이 있다면, 수직으로 붉은 선을 그려요. 그게 Red Line이에요. 그
   리고 적도를 따라서 파란 선을 그려요. 그게 Grand Line이에요. 그럼, 바
   다는 4등분이 되요. 북서쪽에 있는 바다가 North Blue, 북동쪽은 East
   Blue, 남서쪽은 West Blue, 남동쪽은 South Blue예요. 그리고 두 개의 선
   이 두번 만나는데요. 그 지역이 리버스 마운틴과 마리조아가 되죠. 루피
   일행은 Grand Line을 따라, 서에서 동으로 항해하는 거죠.

L : 오호! 자세하게 아는 구나.

D : 에헷! 그럼요. 제가 One Piece를 얼마나 좋아하는데요.

L : 네 말을 그림으로 나타내면, 이것과 같니?

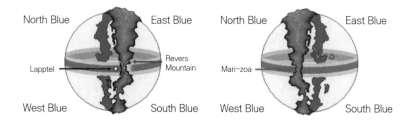

A MAP OF THE WORLD OF ONEPICE

D : 네, 맞아요. 정확하네요.

L : 후훗! 사실 이 지도에는 중요한 비밀이 있단다. 뭔가 이상하지 않니?

D : 예? 어떤 비밀이요? 이상한 점 없는데요?

L : 있단다. 이 지도에는 중요한 비밀이 있지.

D : 잘 모르겠어요. 어서 알려주세요.

L : 그럼, 잘 들어보렴.

L-file 1-1. 비르카 Episode -1부 위치

One Piece의 숨겨진 비밀을 알기 전에 알아야 할 것이 있다. One Piece 작품에 존재하는 표지연재[1]라는 특이한 요소이다. 다른 작품과는 다르게 One Piece는 매 화 표지를 통해, 특정 캐릭터의 이야기가 별도로 진행된다. 표지연재에는 광대 버기, 최면술사 장고, 알비다, 코비, 하치, 에넬, 게다츠, CP9 등 많은 캐릭터가 있다. 이 중에서 다시 등장하는 캐릭터도 있는데 코비와 장고는 해군이 되어, 알비다와 버기는 동맹 해적으로, 하치는 루피 일행을 도와주는 역할로 샤본디 제도[2]에서 다시 등장했다.

표지연재에 등장한 코비와 버기가 다시 등장했듯이, 에넬[3]도 다시 등장할 것이다. 에넬은 언제 다시 등장할까? 어떤 Episode에 등장할까? 이 질문의 답은 존재한다. 답을 아는 과정에서 상당히 재미있는 사실을 알 수 있다. 에넬의 재등장을 위해, One Piece 작가는 한 가지 트릭을 사용했기 때문이다.

미리 언급된 지명 중에서 에넬과 관련된 지명이 있다. Sky Pia Episode에서 언급된 "비르카" 하늘섬이다. 에넬이 태어나고, 자란 하늘섬이 비르카 하늘섬이다. 이 비르카 하늘섬에 대한 재미있는 사실이 있는데 비르카에 대

---

1) 표지연재 : 정확하게 말하면, 단기 집중 표지연재이지만, 간단히 표지연재라 부르자.

2) 샤본디 제도 : 망그르부(나무)로 된 제도. 어인섬에 가기 위해 코팅받는 장소, 명왕 레일리, 초신성이 등장한다.

3) 갓 에넬 : Sky Pia 하늘섬 Episode에 등장한 캐릭터. 번개번개 능력자, 맨트라 사용자, 자신을 신이라 부른다.

한 언급은 다음과 같다.

코니스 : "비르카?"

화이트 베레 대장 : [Sky Pia에서] "먼 남동쪽 하늘에 있는 …… 하늘섬
입니다."~〈One Piece 30권 279화〉

비르카 하늘섬은 Sky Pia에서 먼 남동쪽 하늘에 있다. 현재 독자들이 알고 있는 푸른 별4)(One Piece 행성)의 세계지도에서 비르카 하늘섬을 찾아보자.

A MAP OF THE WORLD OF ONEPIECE

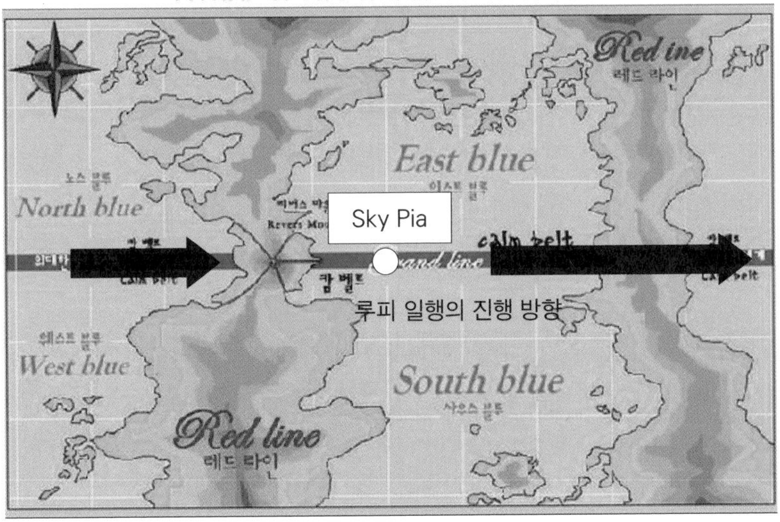

---

4) 푸른 별 : One Piece 행성을 의미한다.

East Blue와 South Blue, 그 중간이 Grand Line의 전반부이다. 전반부에 자야섬이 있고, 자야섬, 가까운 하늘에 Sky Pia 하늘섬이 있다. 이제 Sky Pia 에서 먼 남동쪽에 있는 비르카 하늘섬을 찾아보자. 비르카 하늘섬이 있을 법한 장소를 손으로 짚어봐라.

비르카 하늘섬은 Grand Line의 상공에 있었을까? 아니면 없었을까? Yes or No?

만약 "No"라고 대답했다면, 이 글을 읽고 놀라게 될 것이다.

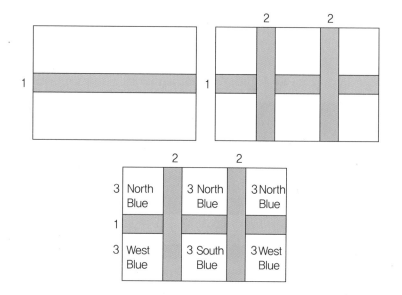

머릿속으로 One Piece 행성, 푸른 별의 세계지도를 그려보자.

(아래의 말을 신경 쓰지 않고, 생각나는 대로 One Piece의 지도를 그려도 좋다.)

1. 위 지도처럼 가로로 Grand Line을 그리자.

2. 다음으로 Grand Line과 수직되는 Red Line을 그리자.

3. North Blue, East Blue, West Blue, South Blue를 적자.

이제 푸른 별의 세계지도가 완성되었다고 느낄 것이다. 그럼, 하나 물어보자.

"지도의 위는 북쪽인가? 아래는 남쪽인가?"

Yes는 오답이다. 정답은 No다. 왜냐하면, 지금까지 지도의 위를 북쪽으로 설정한 적이 없기 때문이다. 이제 방위를 알아보자.

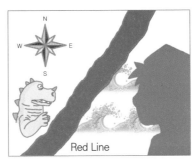

Red Line

〈One Piece 3권 22화〉에서 나미는 푸른 별의 Red Line과 Grand Line를 설명한다. 이때, 배경 그림을 잘 봐야 한다. 배경에서 Red Line과 방위가 등장한다. 22화 배경에서 위쪽은 북쪽이다. 그런데 Red Line은 수직(|)으로 그려져 있지 않고 비스듬한 사선(/)으로 그려져 있다. 방금 전 여러분이 그린 지도에서 Red Line은 수직(|)이다. 위를 북쪽으로 했을 경우와 모양이 다르다. 즉, 방금 전에 그린 지도의 위는 북쪽이 아니다.

North Blue는 왜 North Blue인가? East Blue는 왜 East Blue인가? 그 이유는 간단하다. North Blue는 북쪽에 있기에 북쪽의 바다이고, East Blue는 동쪽에 있기에 동쪽의 바다이다.

위쪽을 북쪽으로 한다면, North Blue는 북쪽에 있는가? East Blue는 동쪽에 있는가? 아니다. 이 지도의 방위대로 한다면, North Blue는 북서쪽, East Blue는 북동쪽에 있게 된다. 이 지도의 방위는 틀렸다. 올바른 지도의 방위와 보는 방향은, 위를 북쪽으로 본다면, 올바르게 보는 방법은 왼쪽과 같다.

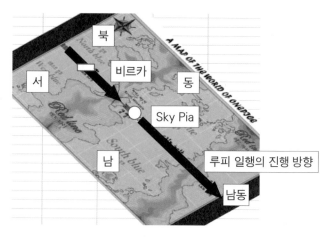

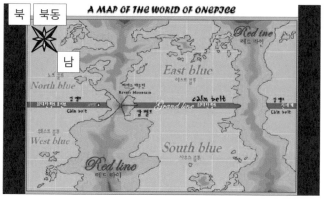

North Blue는 북쪽, East Blue는 동쪽, West Blue는 서쪽, South Blue는 남쪽!

이렇게 보면, 4개의 Blue는 제 위치(동서남북)에 위치하게 된다. 기존의 지도가 크게 틀린 것이 아니라 단지 방위가 틀렸을 뿐이다. 기존의 지도에서 위쪽은 북동쪽임을 알 수 있다. 위를 북쪽으로 한 상태로 보고 싶다면, 왼쪽처럼 45도 회전하면 된다.

앞의 질문으로 돌아가자. 비르카 하늘섬은 Grand Line의 상공에 있었을까? 아니면 없었을까? Yes or No?

처음에 No라고 대답했겠지만, 지금은 Yes라고 대답할 것이다. 비르카 하늘섬은 Sky Pia에서 먼 남동쪽에 있고 Grand Line은 남동쪽으로 존재한다. 애당초 Grand Line은 서-동인 항로가 아니라, 북서-남동인 항로이기 때문이다. 루피 일행은 지금까지 계속 동쪽으로 항해한 것이 아니라, 남동쪽으로 항해했었다. 그리고 앞으로도 남동쪽으로 항해할 것이다. 루피 일행이 앞으로 갈 방향에 비르카 하늘섬이 존재했었다. 즉, 비르카 Episode는 앞으로 등장하며 이 Episode에 에넬이 다시 등장할 것이다.

One Piece L-file 1-1. 정리

Grand Line(위대한 항로)은 서-동인 항로가 아니고 북서-남동인 항로이다.
비르카 하늘섬은 Sky Pia에서 남동쪽에 있다. 따라서 Grand Line의 상공에 존재했었던 하늘섬이다.
앞으로 비르카 하늘섬과 관련된 Episode는 등장하며, 이 Episode에 에넬이 다시 등장할 것이다.

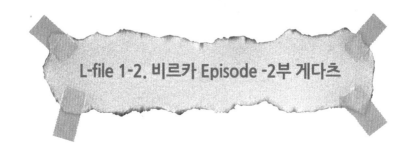

L-file 1-2. 비르카 Episode -2부 게다츠

에넬은 표지연재에 등장했고, 비르카 Episode에 다시 등장할 것이다. 이 비르카 Episode에 등장하기로 설정된 캐릭터는 더 있다. 하늘 반장 게다츠이다. 게다츠는 Sky Pia에 등장한 4신관[5] 중 한 명으로 초파와 싸운 캐릭터이다. 그 후, 온천을 개발하는 내용으로 표지연재에 등장한다.

게다츠와 매우 유사한 캐릭터가 One Piece에 존재한다. 이 캐릭터는 어떤 Episode에 등장하고 나중에 표지연재에 출현한다. 결국에는 다른 Episode를 통해 다시 등장한다. 이 캐릭터는 아론 파크에 등장하고, 타코야끼 표지연재[6]를 거쳐, 결국 샤본디 제도부터 어인섬 Episode까지 계속 등장하는 하치이다.

게다츠와 하치, 하치와 게다츠, 이 두 캐릭터는 설정 면에서 매우 유사한 점을 가지고 있다. 어떤 점이 유사한지 살펴보자.

신병 : "게다츠님! 흰 눈을 뜨고 계시면, 적이 안 보입니다."
초파 : [게다츠에게] "바보 아냐! 이 녀석"~〈One Piece 28권 262화〉

---

5) 4신관 : Sky Pia에서 각자 구슬, 끈, 늪, 강철의 시련을 담당하고 있다. 게다츠는 늪의 시련을 담당하고 있다.

6) 하치 : 나미를 괴롭힌 아론의 부하. 멍청하고 바보스러운 문어 어인이다. 표지연재를 통해 어릴 때의 꿈인 타코야끼 장사를 시작한다. 이 표지연재에 케이미(인어)와 파파구(불가사리)가 최초로 등장한다.

아론 일당 : "이래서야 조로 놈이 어디로 사라졌는지 알 수가 없으니."

하치 : "내가 본 놈이라곤 처음 보는 조금 묘한 검객 한 놈이야. 그 녀석
　　　 이었나?"

아론 일당 : [하치에게] "만났었잖아. 바보 놈아!"~〈One Piece 9권 74화〉

　두 캐릭터 게다츠와 하치, 하치와 게다츠는 루피 일행의 적으로 등장한
다. 하지만 둘 다 바보이며, 순진하고 멍청하여 주위로부터 "그게 아닙니
다."라고 자주 지적받는다. 하치는 수상한 검객(조로)을 도와준 후에는 조로
를 찾는 물음에 모른다고 답한다. 이런 행동을 자주하여 게다츠와 하츠는
주위로부터 바보라고 불린다.

　두 캐릭터 모두 악당으로 등장하지만, 무작정 미워할 수 없다. 나쁜 캐릭
터라는 인상을 받지 않는 것은 순진하고 바보스럽기 때문이다. 그래서 두
캐릭터로부터 나쁜 인상을 받지 않는다. 다시 등장해 루피 일행을 도와주어
도, 부자연스럽지 않는 것은 순진하고 바보스럽게 설정되었기 때문에 가능
한 일이다.

게다츠 : [초파를 공격] "늪의 시련" [공격받는 것은 게다츠 본인]

초파 : "네가 가라앉나?"~〈One Piece 28권 262화〉

하치 : [검을 잡을 것처럼.] "문어삼련진검! 백검잡기 핫!핫!핫!"

조로 : [검을 전혀 잡지 못하는 하치에게] "너랑 놀고 있을 시간 없단
　　　 말이다."~〈One Piece 10권 84화〉

　이는 전투에서도 그렇다. 게다츠와 하치의 전투는 긴박함보다는 코믹스
러운 전투 양상을 보인다. 게다츠는 초파를 공격할 것처럼 말하지만, 정작
공격 대상은 자기 자신이다. 하치는 조로의 검을 잡을 것처럼 말하지만, 한

개의 검도 잡지 못한다. 이처럼, 게다츠와 하치의 전투는 치열함보다는 유쾌함에 초점을 두고 있다.

신병 : [초파에게 갈 공격이 자신에게 오자] "게다츠님. 아니 여긴 접니다."~〈One Piece 28권 262화〉

조로 : "그 마을은 어떻게 가야 하는데?"
하치 : "타라. 손님이잖아. 데려다 줄게."~〈One Piece 9권 73화〉

게다츠와 하치는 루피 일행에게 방해가 아닌, 오히려 도움을 준다.

게다츠는 초파 옆에 있던 신병을 공격한다. 하치는 동료를 쓰러뜨린 조로를 손님으로 착각하고 도와준다. 결국, 다시 등장한 하치는 적극적으로 루피 일행을 돕는다. 이런 점을 고려해 볼 때, 게다츠도 루피 일행을 돕게 됨을 예상할 수 있다. 게다츠도 비르카 Episode에서 루피 일행을 돕게 될 것이다. 이처럼 게다츠와 하치는 작품에서 유사한 특성을 가졌다.

무엇보다 가장 중요한 점은 게다츠와 하치는 모두 표지연재에 등장했다는 점이다.

게다츠는 온천 이야기를 통해 알라바스타 왕국과 연결되며, 하치는 타코야끼 이야기를 통해 어인섬과 연결된다. 알라바스타 왕국과 어인섬은 모두 고대왕국과 관련 깊은 장소이며, 종족이다. 그들 모두 지배를 거부하고 자유를 추구한다(Part One L-file, Part Two L-file).

게다츠와 하치 사이에는 중요한 차이점이 하나 있다. 표지연재에서 하치는 계속 이동한다. 반면, 게다츠는 알라바스타 왕국에서 정지한다. 하치가 다시 등장할 수 있었던 이유는 루피 일행을 앞질러 갔기 때문이다. 그리고 게다츠도 다시 등장하기 위해서는 루피 일행을 앞질러 가야 하지만, 표지연재에서 게다츠는 알라바스타에 정지한다. 그러면 게다츠는 다시 등장하지 못한다고 생각할 수 있다.

이는 전혀 문제가 되지 않는다. 왜냐하면 게다츠와 하치에게 주어진 상황이 다르기 때문이다. 하치가 다시 등장할 때까지 루피 일행은 멈추지 않고 계속 항해했지만, 게다츠가 다시 등장할 때까지 루피 일행은 계속 항해하지 않는다. 루피 일행은 2년간의 수련7)으로 항해하지 않고 멈춘다. 루피 일행이 정지(수련)하는 동안 게다츠가 이동함으로써 아무런 문제가 없게 된다. 루피 일행이 정지하는 동안 루피 일행을 앞질러 가면 된다. 루피 일행이 2년간 수련하는 동안, 게다츠는 앞질러가 비르카 Episode에서 다시 등장할 것이다.

오히려 이를 통해 작가의 대단함을 짐작할 수 있다. 작가가 2년 수련을 갑자기 구상한 것이 아님을 알 수 있다. 비르카 Episode는 앞으로 등장한다. 그리고 이 Episode에 재등장시킬 목적으로 게다츠라는 캐릭터를 설정했다. 게다츠가 다시 등장하려면 루피 일행을 앞질러야 한다. 따라서 2년의 수련을 사전에 계획하지 않았다면 게다츠도 하치처럼 표지연재를 통해 이동했을 것이다. 하지만 게다츠의 표지연재는 이동하는 내용이 아니다. 표지연재에서 이동하지 않아도 문제가 없기 때문이다. 이는 루피 일행이 항해하지 않고, 2년 동안 수련했기 때문에 가능했던 일이다. 늦어도 게다츠의 표지연재를 할 때, One Piece 작가는 2년 수련을 계획하고 있었음을 알 수 있다.

60권에서 루피 일행의 2년 수련이 결정된다. 그리고 게다츠의 표지연재는 33권, 롱 링 롱 랜드8)에서 시작된다. 늦어도 33권 때, 60권에서 다루어질 2년 수련을 구상하고 있었음을 알 수 있다.

하치는 아론 파크에 등장하고, 표지연재를 거쳐, 어인섬에서 다시 등장한

---

7) 2년 수련 : 에이스를 구하지 못한 루피는 2년 동안 수련하고 만나기로 한다. 3D2Y!

8) 롱 링 롱 랜드 : 10개의 섬이 이어진 섬. 동물들이 모두 길다. 폭시 해적단, 데비 백 파이트, 해군 대장 아오키지가 등장하는 섬이다.

다. 마찬가지로, 게다츠는 Sky Pia에 등장하고, 표지연재를 거쳐, 비르카 Episode에서 다시 등장할 것이다. 온천 사업이 성공하고, 비르카 하늘섬(고향)으로 돌아간다든지, 제2의 온천을 만들려고 왔다는 식으로 전개될 수도 있다. 그 외에도 다양한 방법이 존재한다.

One Piece L-file 1-2. 정리

비르카 Episode에 다시 등장시킬 목적으로 설정된 캐릭터가, 게다츠다.
어인섬 Episode에 다시 등장시킬 목적으로 설정된 캐릭터가, 하치이다.
그래서 게다츠와 하치는 매우 유사한 특징을 가졌다.
비르카 Episode에 에넬과 함께 게다츠는 다시 등장할 것이다.

비르카 Episode

지금까지 [L-file 1-1], [L-file 1-2]를 통해 에넬과 게다츠가 다시 등장함을 설명했다. 이 비르카 Episode에 등장할 인물(인물상)은 더 있다. 이는 에넬의 비밀과 비르카 하늘섬의 비밀을 통해 짐작할 수 있다.
자세한 이야기는 [Part Two L-file. 비르카 Episode -4부 인물], [Part Two L-file. No1. 에넬의 날개]에서 설명할 것이다.

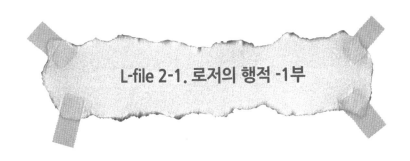

L-file 2-1. 로저의 행적 -1부

해적왕! 골.D.로저!

이 인물이 중요하지 않다고 생각하는 이는 없을 것이다. 로저의 행적을 추적하다 보면 그 과정에서 재미있는 사실을 알게 된다.

1. 로저와 올비아

레일리 : "공개처형일로부터 4년 전 쯤이었나, 로저는 불치의 병에 걸렸어." "아가씨의 고향, 오하라 일은 몹시 안타깝게 생각해!"

~⟨One Piece 52권 506화, 507화⟩

올비아 : "6년 전 이곳 오하라에서 출항한 포네그리프 탐색 팀은 ……"

~⟨One Piece 41권 393화⟩

루피가 조로를 만나 해적단을 결성했듯이, 로저는 레일리[9]를 만나 해적단을 결성한다. 로저는 22년 전에 공개처형 되었다. 그때로부터 로저는 26년 전에 불치의 병에 걸렸다. 불치의 병에 걸린 로저는 크로커스[10]에게 선의를 부탁한 후에 최후의 항해를 떠난다. 로저는 26년 전에 최후의 항해, 라

---

9) 레일리 : 명왕 레일리. 로저 해적단의 부선장.

10) 크로커스 : 리버스 마운틴의 쌍둥이 언덕에서 등장한 의사 과거 해적왕의 선의, 라분(고래)를 돌보고 있다.

프텔로 가는 항해를 떠난다.

　로빈의 과거 이야기는 20년 전이고, 올비아[11]는 그때로부터 6년 전에 포네그리프를 찾아 떠났다고 한다. 즉, 포네그리프를 찾기 위해 올비아는 26년 전에 항해를 떠난 것이 된다.

　로저와 올비아가 항해를 떠난 시기는 똑같다. 로저는 포네그리프에 메시지를 남겼고, 올비아는 포네그리프를 찾아 떠났다. 로저는 진짜 역사를 알게 되었고, 올비아는 진짜 역사를 찾고 있었다. 이것이 단순한 우연일까? 부선장 레일리는 오하라를 언급하면서, 오하라와 인연이 있음을 말한다. 이러한 점들을 고려해볼 때, 로저와 올비아는 항해 도중에 서로 만났을 가능성이 매우 높다.

2. 로저와 Sky Pia

> 간 폴 : "해적 친구가 있지. 20년도 더 전에 이곳에 왔었다. 정말 호쾌하고 기분 좋은 사람들이었어."~〈One Piece 27권 248화〉

> 간 폴 : "로저라고 써있나? 20년도 더 전이었나. 이 하늘에 왔던 청해의 해적이야."~〈One Piece 32권 301화〉

　그 후에 로저 해적단은 Sky Pia 하늘섬으로 가게 된다. 간 폴은 로저를 알고 있으며, "호쾌하고 기분 좋은 사람들!"이라며 로저 해적단이 Sky Pia에 왔다고 증언한다. Sky Pia에 도착한 로저는 포네그리프를 발견한다. 로저는 만물의 소리를 듣는 능력을 가졌다. 그 능력으로 포네그리프를 해독해 내용을 알게 된다.

---

11) 올비아 : 오하라 섬의 고고학자. 로빈의 엄마. 포네그리프를 찾아 항해를 떠났다 돌아온다.

올비아와 만난 이후 로저 해적단은 Sky Pia에 올라왔다.

올비아는 포네그리프를 찾고 있다. 로저는 올비아에게 포네그리프를 숨길 이유가 없다. 따라서 Sky Pia 이후에 올비아를 만났다면, 로저는 사실대로 말해 주었을 것이다. 마찬가지로 오하라로 돌아온 올비아는 클로버에게 Sky Pia 포네그리프에 대해 말했어야 한다. 하지만 돌아온 올비아는 Sky Pia의 포네그리프에 대해서 말하지 않는다. 올비아는 Sky Pia의 포네그리프를 모르고 있기 때문이다. 즉, 올비아와 로저가 만난 시점은 로저가 Sky Pia에 가기 전이다. 올비아와 헤어진 이후에 로저 해적단은 Sky Pia에 간다. 그래서 로저는 올비아에게 Sky Pia에 있는 포네그리프에 대해 말하지 못한다.

3. 로저와 시키 – 에드. 워 해전

> 시키 : "네[로저]가 어디 있는지 아는 세계를 멸망시킬 병기와 내 병력
> ……"~〈One Piece 0화〉[12]

Grand Line에서 시키[13]와 로저는 해전을 치른다. 이 해전을 에드. 워 해전이라 부른다. 에드. 워 해전은 Sky Pia에 갔다 온 뒤에 일어난 사건이다. 시키는 로저가 알고 있다는 고대 병기를 언급하고 있다.

플루톤의 위치는 알라바스타의 포네그리프에 기록되어 있다. 알라바스타는 포네그리프를 극비로 숨기고 있는 나라로 로저가 그 정보를 알아냈다고 판단하기 힘들다. 또한, 알라바스타 왕국에서 로저의 흔적은 등장하지 않는다. 따라서 로저가 알고 있는 병기는 플루톤이 아니라고 봐야 한다.

---

12) 〈One Piece 0화〉: 영화 「Strong World」에 대한 배경 설명. 2010년 코믹 챔프 4호(한국)에 연재되었다.

13) 시키 : 로저의 적, 임펠 다운에서 탈옥한 해적. 〈One Piece 0화〉, 영화 「Strong World」에 등장한 캐릭터.

우라노스의 위치를 기록한 포네그리프는 아직 등장하지 않았으며, 포세이돈의 위치를 기록한 포네그리프는 Sky Pia에 있다. 그리고 로저는 Sky Pia의 포네그리프를 발견했다. 로저가 알고 있다는 병기는 포세이돈으로 추정할 수 있다. 따라서 에드. 워 해전은 Sky Pia 이후에 일어난 사건이다.

에드. 워 해전은 대 해적시대의 개막으로부터 3년 전에 일어난 해전이다. 대 해적시대는 로저가 죽으면서 열렸으므로, 로저가 죽은 22년에서 3년 전인 25년 전에 로저와 시키는 에드. 워 해전을 치른 것이다.

> 레일리 : "그 3년 후 위대한 항로 제패 선장 명령으로 로저 해적단은 남몰래 해산 ……"~〈One Piece 52권 506화〉

> 센고쿠 : "[South Blue]14)에 바테리라라는 섬이 있지. 모친의 이름은 포트거스.D.루즈"~〈One Piece 56권 550화〉

> 레일리 : "로저는 자수 …… 체포 …… 그 녀석이 태어난 도시. East Blue의 로그 타운에서 공개처형."~〈One Piece 52권 506화〉

최후의 항해를 떠난 지 3년이 지나 로저는 라프텔에 도달한다. 그렇게 로저는 Grand Line를 제패하고 해적왕이 된다. 로저는 자신의 해적단을 해산시키고, South Blue의 바테리라 섬에서 루즈를 만나 자식을 본다. 다시 시간이 흘러 지금으로부터 22년 전, 로저는 사수를 하고 서프에게 루즈와 아기를 부탁한 후에 자신의 고향, East Blue의 로그 타운에서 처형된다.

---

14) 한국 초판에서 바테리라 섬이 West Blue의 섬으로 표기되었으나, 이는 실수로 추후에 개정판을 통해 신속하게 수정되었다.

이것이 골.D.로저의 발자취! 로저의 행적이다. 이렇게 골.D.로저의 행적은 끝!

.

.

.

.

.

이 아니다. 숨겨진 로저의 행적이 있다. 숨겨진 행적을 추적해 보자.

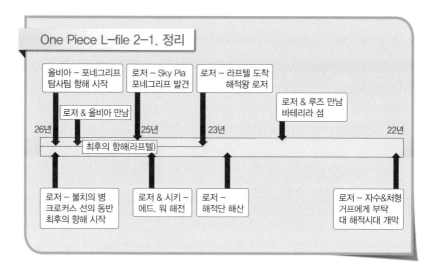

One Piece L-file 2-1. 정리

올비아 – 포네그리프 탐사팀 항해 시작	로저 – Sky Pia 포네그리프 발견	로저 – 라프텔 도착 해적왕 로저	
로저 & 올비아 만남			로저 & 루즈 만남 바테리라 섬

26년   25년   23년   22년

최후의 항해(라프텔)

| 로저 – 불치의 병 크로커스 선의 동반 최후의 항해 시작 | 로저 & 시키 – 에드. 워 해전 | 로저 – 해적단 해산 | 로저 – 자수&처형 거프에게 부탁 대 해적시대 개막 |

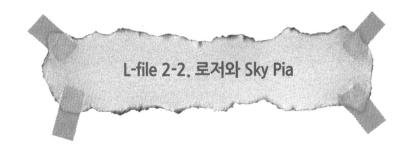

L-file 2-2. 로저와 Sky Pia

"로저는 라프텔 이전에 Sky Pia에 왔을까? 아니면 이 후에 왔을까?"

로저는 라프텔 이전에 Sky Pia에 왔다(L-file 2-1). 당연한 질문과 당연한 대답 같지만, 이 부분을 명확하게 할 필요가 있다. 재미있는 사실을 알 수 있기 때문이다. 이에 대해서 증언한 인물들을 만나보자.

1. Before – 간 폴과 레일리의 증언

간 폴 : "다른 루트로는 그렇지 못했을 거네. 하지만 녹-업-스트림은 전원이 죽든가, 전원이 도달하든가 둘 중 하나지."~⟨One Piece 26권 238화⟩

간 폴 : "해적 친구……20년도 더 전에 이곳에 왔었다. 정말 호쾌하고 기분 좋은 사람들이었어."~⟨One Piece 27권 248화⟩

간 폴 : "로저라고 쓰여 있나? 20년도 더 전이었나! 이 하늘에 왔던 청해의 해적이야."~⟨One Piece 32권 301화⟩

간 폴[15]은 20년도 전, Sky Pia에 온 해적 친구가 로저라는 사실을 밝혔다.

---

15) 간 폴 : Sky Pia의 전대 신. 로저의 친구. 에넬에게 패배해 신의 자리에서 물러남. 하늘의 기사로 등장한다.

그리고 로저 해적단 전원이 녹-업-스트림으로 Sky Pia에 왔다고 증언하고 있다. 다른 루트로 올 경우, 일부의 동료가 죽게 되는데 동료들을 희생시키는 내용은 로저와 어울리지 않는다. 또한, 다른 루트로 올 경우 일부의 동료가 죽게 된다. 그러면 로저 해적단은 Sky Pia에서 호쾌하고 기분 좋게 지내지 못했을 것이다. 하지만 간 폴은 로저 해적단이 호쾌하고 기분 좋게 지냈다고 증언하고 있다. 이는 희생된 동료가 없었음을 의미한다. 로저 해적단이 녹-업-스트림을 통해, 해적단 전원이 Sky Pia에 왔음을 알 수 있다. 또한, 녹-업-스트림으로 올라온 방법은 동료를 중시하는 캐릭터(로저) 설정과도 일치한다.

> 레일리 : "하늘섬 스카이 피아에서는 이것을 맨트라라고 하지."
> ~〈One Piece 61권 597화〉

> 레일리 : "3년 후 불가능하다고 일컬어졌던 위대한 항로 제패를 달성한
> 거지. 이윽고 선장 명령으로 로저 해적단은 남몰래 해산
> ……"~〈One Piece 52권 506화〉

레일리는 견문색 패기를 설명하며, Sky Pia를 언급하고 있다. 로저 해적단의 부선장, 레일리는 간접적으로 Sky Pia에 갔다고 증언한다. 이는 간 폴의 증언과 일치한다. 간 폴은 로저 해적단 전원이 왔다고 하며, 레일리는 자신 역시 갔다고 증언함으로써 두 증언은 일치하고 있다.

레일리는 위대한 항로를 제패한 이후, 해적단이 해산되었다고 증언한다. 따라서 로저 해적단이 Sky Pia에 갈 수 있는 시기는 해산하기 전이다. 라프텔에 도달한 직후에 해산했으므로 Sky Pia에 갈 수 있는 시기는 라프텔에 도달하기 전이다. 로저 해적단은 라프텔 전에 Sky Pia에 왔다. 이 역시 간 폴의 증언과 일치한다.

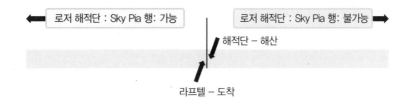

왜? 왜, 필자는 당연한 질문과 당연한 대답을 찾는 것일까? 그 해답은 2장에 있다. 로저의 행적에 대한 재미있는 증언이 있다. 2장의 증인을 만나보자.

2. After – 로빈의 증언

로빈은 로저를 만난 적도 없고, 본 적도 없다. 로빈이 로저의 행적을 증언했다는 필자의 말이 이상하게 들릴지도 모른다. 맞다. 로빈은 직접적으로 로저의 행적을 증언하지 않지만, 간접적으로 증언하고 있다.

> Sky Pia의 힌트 메시지 : "나 이곳에 왔노라. 이 글을 땅끝으로 인도한
> 다. 해적 골.D.로저"

> 로빈 : "그걸[정보를 가진 포네그리프] 이어서 읽어야만 공백의 역사를
> 메우는 하나의 문장[리오 포네그리프]이 될 겁니다."~〈One Piece
> 32권 301화〉

Sky Pia 포네그리프 주변에 남겨진 로저의 힌트 메시지!
이를 본 로빈은 리오 포네그리프의 정체를 추론한다. 바로 이 부분이 중요하다. 로빈은 그 답을 어떻게 알게 되었는가? 바로 로저의 힌트 메시지 덕분이다. 답을 알고 있어야 힌트를 줄 수 있다. 로저 역시 로빈이 알게 된

답을 이미 알고 있었음을 알 수 있다. 즉, 로저는 "포네그리프를 이어 읽어야 공백의 역사를 메우는 하나의 문장이 된다."는 답을 알고 있다. 그래서 힌트 메시지를 Sky Pia 포네그리프에 남길 수 있었다.

로빈이 로저의 힌트 메시지로 답을 알게 되었듯이, 로저는 어떻게 그 답을 알게 되었을까?

로저는 만물의 소리를 듣는 능력을 가지고 있어 레일리는 이 능력으로 포네그리프 내용을 알 수 있었다고 한다. 하지만 이 능력에는 한계점이 있다. 만물의 소리를 듣는 능력은 해당 대상에게만 적용되는 것이지, 관련 있는 모든 대상에게 적용되는 것이 아니다.

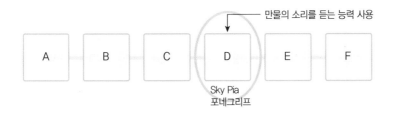

정보를 가진 포네그리프를 이어서 읽어야 한다. 정보를 가진 포네그리프는 이런 방식으로 연결되어 있다. 이제, 로저는 Sky Pia의 포네그리프(D)에 능력을 사용한다. 그럼 로저는 모든 포네그리프(A, B, C, D, E, F)의 정보를 알 수 있을까? 그렇지 않다. 로저가 알 수 있는 정보는 D에 관한 정보이지, D와 연결된 포네그리프 A, B, C, E, F에 대한 정보가 아니다. 로저는 모든 정보들을 알 수 없다. 로저처럼 로빈도 지금까지 포네그리프를 해독해 왔지만 리오 포네그리프의 정체를 알 수 없었다. 로저의 힌트 메시지가 없었다면, 여전히 로빈은 그 정체를 몰랐을 것이다. 로빈처럼 로저도 하나의 포네그리프에 능력을 사용하더라도 답(리오 포네그리프 정체)을 알 수 없다.

-포네그리프를 이어 읽어야 공백의 역사를 메우는 하나의 문장, 리오포네그리프가 된다.-

여기서 "이어 읽어야……"라는 문구는 정보를 가진 포네그리프, 하나의 대상을 통해서 알 수 있는 정보가 아니다. 정보를 가진 모든 포네그리프에 능력을 사용해야 알 수 있는 부분이다. 따라서 로저가 Sky Pia의 포네그리프에 능력을 사용하더라도 그 답을 알 수 없다.

그럼, 로저는 다른 모든 포네그리프에 일일이 능력을 사용한 것일까? 하지만 이는 불가능한 일이다. 오하라 Episode에서 보았듯이, 세계정부는 전 세계에서 포네그리프를 회수하고 있다. 이러한 작업은 고대왕국이 멸망한 후부터 계속 이루어진 작업이다. 800년 전부터 세계정부는 포네그리프를 회수하고 있어, 로저가 모든 포네그리프에 능력을 사용했다면, 세계정부의 중추에 침입하고, 회수되어진 포네그리프에 능력을 사용했다는 뜻이 된다. 이는 아무리 로저가 해적왕일지라도 불가능하다. 만약 이런 사건이 일어났다면, 이미 이 사건은 언급되었어야 했지만 언급되지 않았다. 이런 사건은 일어나지 않았고, 로저는 모든 포네그리프에 능력을 사용한 것이 아님을 확인할 수 있다.

로저는 정보를 가진 모든 포네그리프에 능력을 사용할 수도 없었고, 사용하지도 않았다. 그러면 로저는 도대체 어떻게 답을 알게 되었을까? 그 답은 리오 포네그리프에 있다.

이번 L-file은 리오 포네그리프가 존재한다는 가정 아래에서 작성되었다. 리오 포네그리프가 존재한다는 사실은 [L-file 3-1. 리오 포네그리프 -1부 존재], [L-file 3-2. 리오 포네그리프 -2부 메시지]에서 설명하므로 참조하자.

리오 포네그리프는 정보를 가진 모든 포네그리프를 연결한 하나의 포네그리프이다. 로저가 이 리오 포네그리프에 능력을 사용했다면, 리오 포네그리프에 대한 답을 알 수 있다. 로저는 리오 포네그리프에 능력을 사용해서 답을 알게 된 것이다.

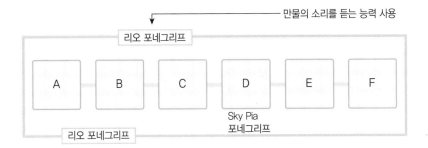

만물의 소리를 듣는 능력 사용

리오 포네그리프

| A | B | C | D | E | F |

Sky Pia
포네그리프

리오 포네그리프

정리를 하자.

리오 포네그리프에 능력을 사용해야 답을 알 수 있고, 그 후에 힌트를 남길 수 있다.

리오 포네그리프는 어디에 있는가? 땅끝! 라프텔 섬에 있다.

힌트 메시지는 어디에 있는가? 하늘섬! Sky Pia 섬에 있다.

답을 알기 전에는 힌트를 남길 수 없다.

로저는 답(라프텔)을 알게 된 이후에 힌트(Sky Pia)를 남긴 것이다.

즉, 로저는 라프텔 섬에서 답을 알게 되고, 그 이후 Sky Pia에 와서 힌트 메시지를 남긴 것이다. 로빈은 이렇게 로저가 라프텔 이후에 Sky Pia에 왔다고 증언하고 있다.

3. 두 개의 증언

1장에서, 간 폴과 레일리는 로저 해적단이 라프텔 이전 시점에, Sky Pia에 왔다고 주장한다. 또한 라프텔 이후에는 올 수 없었다고 말한다.

2장에서, 로빈은 로저가 라프텔 이후에, Sky Pia에 왔다고 말한다.

어떻게 된 것일까? 누가 틀린 것일까? 누가 맞는 것일까?

그 누구도 틀리지 않았다. 두 가지 증언 모두 맞다.

두 증언에는 약간의 차이가 있다. 간 폴과 레일리가 증언하고 있는 대상은 로저가 아니라, 로저 해적단이다. 로빈이 증언하고 있는 대상은 로저 해적단이 아니라, 로저다. 이 차이는 작지만 의미하는 바는 매우 다르다.

로저 해적단은 Sky Pia에 한 번 갔고, 로저는 Sky Pia에 두 번 갔다. 로저는 로저 해적단과 함께 녹-업-스트림으로 Sky Pia에 왔다. Sky Pia 포네그리프를 발견하고 정보를 알고 간 후에 라프텔에 도착한다. 라프텔의 리오 포네그리프에 능력을 사용함으로써, 리오 포네그리프의 정체를 알게 된다. 답을 알게 된 로저는 Sky Pia 포네그리프 옆에 메시지를 남기기로 한다. 로저는 자신의 해적단을 해산시키고 동료들 없이, 다시 한 번 더 Sky Pia에 간다. 두번째로 도착한 로저는 리오 포네그리프에 대한 힌트 메시지를 남긴다. 그래서 두 증언은 모두 맞다.

로저는 Sky Pia에 두 번 왔었다.

한 번은 로저 해적단 동료들과 같이 왔고, 또 한 번은 로저 해적단 동료들 없이 왔다.

One Piece L-file 2-2. 정리

로저는 Sky Pia에 두번 갔다.
첫 번째 – 라프텔 섬 이전 : 동료들과 같이 녹-업-스트림으로 갔다.
두 번째 – 라프텔 섬 이후 : 동료들 없이 갔다.

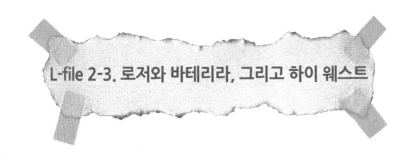

L-file 2-3. 로저와 바테리라, 그리고 하이 웨스트

1. 로저와 바테리라

레일리 : "로저는 자수 …… 체포…… 태어난 도시. East Blue의 로그
타운에서 공개처형."~⟨One Piece 52권 506화⟩

센고쿠 : "[South Blue]에 바테리라[16]라는 섬이 있지. 모친의 이름은
포트거스.D.루즈"~⟨One Piece 56권 550화⟩

일반적으로 불치의 병에 걸려 죽음을 맞이하게 되면, 자신이 태어난 고향
을 그리워하게 된다. 로저는 불치의 병에 걸렸고, 자신의 목표인 Grand
Line을 제패했다. 이제 로저가 외로움을 느꼈다면, 고향인 East Blue로 갈
것이다. 하지만 로저가 간 곳은 고향 East Blue의 로그 타운이 아니라,
South Blue의 바테리라 섬이다. 바테리라 섬에서 로저는 루즈와 인연을 맺
고, 자식을 본다. 로저가 고향인 East Blue가 아닌, South Blue로 간 것은 매
우 부자연스러운 일이다.

로저가 핏줄을 볼 목적으로 루즈와 부부가 되었다는 가설이 있는데, 필자
가 장담하는데 이건 절대로 아니다. 작품에서 여자 해군, 여자 해적이 많이

---

16) 바테리라 섬 : 에이스가 태어난 South Blue의 섬으로 로저와 루즈가 만난 장소이다.

등장한다. 핏줄이 목적이었다면, 최후의 항해에 여성을 배에 태웠을 방법도 있었다. 하지만, 로저는 그렇게 하지 않았다. 로저가 루즈와 부부가 된 것은 핏줄(자식)이 목적이 아님을 알 수 있다. 두 사람이 부부가 된 것은 사랑이라 할 수 있다.

"East Blue에는 이러한 속담이 있다고 하지. 사랑은 언제나 허리케인"
- by 뇽 할멈 - ~〈One Piece 53권 522화〉

로저가 여성(아내 후보)을 항해에 데려가지 않았던 점과 로저의 행적을 보면, 로저는 자식을 만들 생각이 없었음을 알 수 있다. 루즈와의 사랑, 에이스의 탄생은 로저도 예상하지 못했던 결과이다. Grand Line을 제패한 로저는 자신의 행적을 숨겼다. 계획대로 움직인 행적에서는 흔적을 남기지 않고 South Blue에서만 흔적이 남는다. 이는 로저의 예상 밖의 일이 South Blue에서 일어났기 때문이다. 그것이 바로 루즈와의 사랑과 임신이었다. 돌발적으로 일어난 사건으로 인해 흔적을 남긴다. 그리고 세계정부는 이 흔적을 이용해 루즈와 에이스를 추적하는데 성공한다.

로저는 루즈를 만나기 위해 South Blue에 간 것이 아니다. 그러면 로저는 왜 South Blue의 바테리라 섬에 갔을까? 이 질문의 답은 조금 후에 설명하도록 하자. 이 질문의 답을 알기 위해서는 두 가지 사실을 설명해야 하기 때문이다.

2. 로저와 Sky Pia, 그리고 하이 웨스트

로저 해적단은 Sky Pia에 한 번 갔고, 로저는 Sky Pia에 두 번 갔다.
로저는 로저 해적단과 함께 녹-업-스트림으로 Sky Pia에 왔다(첫 번째

Sky Pia). ~[L-file 2-2. 로저와 Sky Pia] 中

첫 Sky Pia행은 동료들과 같이 녹-업-스트림으로 갔다. 두 번째 Sky Pia행도 녹-업-스트림으로 갔을까? 하지만 녹-업-스트림이라면 심각한 문제점이 존재한다.

> 나미 : "우현으로 바람을 받고, 키는 왼쪽으로, 선체를 해류에 맞춰!"
> ~〈One Piece 25권 236화〉

〈One Piece 25권 236화〉에서 루피 일행은 녹-업-스트림으로 Sky Pia에 간다. 이때 루피 일행은 나미의 지시로 분주하게 움직인다. 즉, 녹-업-스트림을 이용하려면, 다수의 사람이 필요하다. 혼자서는 녹-업-스트림으로 올라 갈 수 없다. 로저 해적단이 해산했으므로, 동료들 없이 로저 혼자서 녹-업-스트림으로 올라 갈 수 없다.

로저는 새로운 동료를 모집해서 녹-업-스트림으로 갔을까? 그렇다면 왜 로저는 자신의 해적단을 해산시킨 것일까? 믿을 수 있는 신뢰성과 보안성, 과거 녹-업-스트림으로 Sky Pia에 갔었던 해적단의 경험까지 고려한다면, 자신의 해적단으로 가는 것이 매우 합리적이다. 로저는 자신의 해적단을 해산시키지 않았어야 했지만, 로저는 자신의 해적단을 해산시켰기 때문에 로저는 녹-업-스트림으로 간 것이 아님을 알 수 있다.

이때 로저가 새로운 사람들과 같이 행동했다면, 이 행적은 세계정부의 추적에 밝혀졌을 것이다. 밝혀진 행적은 이 행적이 아니라 South Blue의 행적이다. 두 번째 Sky Pia행은 세계정부에게 밝혀지지 않았다. 첫 번째 Sky Pia행은 해적왕이 되기 전이다. 세계정부는 이 당시 로저를 주목하지 않았기 때문에 모를 수도 있지만 두 번째는 그렇지 않다. 세계정부는 라프텔 섬에 간 로저를 주목하고 있어서 두 번째 Sky Pia행을 알았을 법하다. 하지만 세계정부는 두번째 Sky Pia행을 모르고 있다. 즉, 로저는 새로운 동료들을 모집해서 간 것이 아님을 알 수 있다. 그래서 Sky Pia에 포네그리프가 여전히 남아 있을 수 있었다.

지금까지의 내용을 정리하면, 로저의 두번째 Sky Pia행은 녹-업-스트림을 통해 간 것이 아님을 알 수 있다. 그렇다면, 로저는 도대체 어떻게 Sky Pia에 갔을까? 여기서 Sky Pia로 가는 다른 방법이 있음을 상기하자. 친절하게 간 폴은 이 방법을 설명해 주고 있다.

> 간 폴 : "하이 웨스트 정상에서 온 거 아닌가? 그렇다면 [하늘]섬을 한
> 두 개는 지났을 ……"~〈One Piece 26권 238화〉

하이 웨스트는 동료들이 없어도, 혼자서 갈 수 있는 경로이다. 로저의 두번째 Sky Pia행은 하이 웨스트로 간 것이다. 로저는 하이 웨스트를 통해, Sky Pia에 갔고, 포네그리프 옆에 메시지를 남겼다.

3. 하이 웨스트의 위치

이제 하이 웨스트가 어디에 위치하는지 알아보자.

하이 웨스트(High West)라는 지명에는 West, 서쪽이 들어간다. 즉, 하이 웨스트는 Sky Pia의 서쪽에 위치하고 있다. 그리고 간 폴은 Sky Pia와 하이 웨스트 사이에는 하늘섬이 1, 2개 존재한다고 설명하고 있다. 중간에 하늘섬이 1, 2개 존재할 정도로 Sky Pia에서 가까운 하이 웨스트는 어디에 있을까?

> 센고쿠 : "[South Blue]에 바테리라라는 섬이 있지. 모친의 이름은 포트
> 거스.D.루즈"~〈One Piece 56권 550화〉

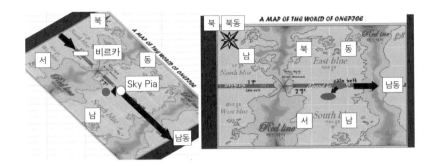

Sky Pia에서 West! 서쪽! 두 지점 사이에 하늘섬이 1, 2개 있을 법한 하이
웨스트는 어디에 있을까? 하이 웨스트는 South Blue의 섬에 존재한다. 로저
는 하이 웨스트를 통해서, Sky Pia에 갔다. 하이 웨스트는 South Blue의 섬
에 있다. 그리고 로저는 South Blue의 섬, 바테리라 섬에 갔다. 로저는 왜
South Blue의 바테리라 섬에 갔을까? 바로 바테리라 섬에 하이 웨스트가
있기 때문이다.

이제 1장에서 언급한 "로저는 왜 South Blue의 바테리라 섬에 갔을까?"
라는 질문에 대한 대답이 충분히 되었을 것이다. 바로 Sky Pia에 가기 위해
서, 바테리라 섬에 간 것이다.

1장에서, 이 질문의 답을 알기 위해서는 두 가지 사실을 알아야 한다고
했었다. 한 가지 사실은 Grand Line을 제패한 이후, 하이 웨스트로 Sky Pia
에 갔다는 사실이다. 또 다른 사실은 One Piece 세계의 올바른 방위이다.
올바른 방위는 [L-file 1-1]에서 설명했었다. 이 두 가지 사실을 알아야 답
을 알 수 있다. 올바른 방위를 모르면, 하이 웨스트를 다른 장소로 오인하게
될 것이다.

One Piece L-file 2-3. 정리

로저는 Sky Pia에 두 번 갔다.

첫 번째 – 라프텔 섬 이전 : 동료들과 녹-업-스트림으로 갔다.

두 번째 – 라프텔 섬 이후 : 동료들 없이 하이 웨스트(South Blue의 바테리라 섬)로 갔다.

로저의 숨겨진 행적은 이것으로 끝이 아니다. 숨겨진 행적은 더 존재하고 이 역시 알 수 있다. 로저의 숨겨진 행적은 [L-file 2-5. 로저의 눈물], [L-file 2-6. 로저의 행적 -2부]에서 이어 설명하도록 하자.

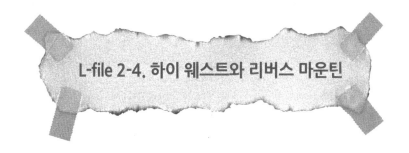

L-file 2-4. 하이 웨스트와 리버스 마운틴

올바른 방위를 모르면, 하이 웨스트를 다른 장소로 오인하게 될 것이
다. ~[L-file 2-3. 로저와 바테리라, 그리고 하이 웨스트] 中

올바른 방위를 모르면, 다른 장소를 하이 웨스트로 착각하게 된다. 어떤
장소를 하이 웨스트로 착각하게 될까? 기존에 잘못 알고 있던 방위의 지도
에서 그 위치를 찾아보자.

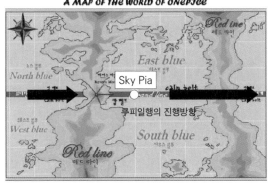

Sky Pia에서 West, 서쪽에 있는 장소이면서, 하이 웨스트라는 단어를 연
상시키는 장소는 어디일까? 바로 리버스 마운틴[17]이다. 방위를 잘못 알고
있으면 리버스 마운틴을 하이 웨스트로 오인하게 되지만, 리버스 마운틴은
하이 웨스트가 될 수 없다. 리버스 마운틴이 하이 웨스트가 되지 못하는 이
유를 알아보자.

---

17) 리버스 마운틴 : Grand Line의 시작 지점으로 이곳에서 크로커스와 라분을 만난다.

1. 리버스 마운틴이 하이 웨스트가 되지 못하는 이유

1) 하이 West

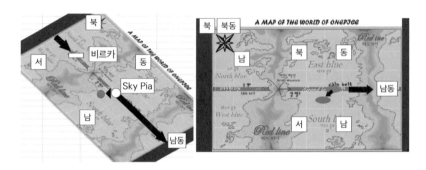

하이 웨스트는 Sky Pia에서 서쪽에 있다. 올바른 방위에서 리버스 마운틴은 Sky Pia에서 West(서쪽)에 있지 않다. 리버스 마운틴은 Sky Pia에서 북서쪽에 위치하고 있다(혹은 머나먼 남동쪽이라고 표현할 수도 있다). 리버스 마운틴은 West를 만족하지 못한다. 따라서 리버스 마운틴은 하이 웨스트가 아니다.

2) High 웨스트

West(웨스트)는 쉽게 방향을 나타냄을 알 수 있다. 그럼 High(하이)는 무엇을 의미하는 것일까? 여기서도 친절하게 간 폴은 High의 의미를 알려준다. 간 폴을 만나보자.

> 간 폴 : "하이 웨스트 정상에서 온 거 아닌가? 그렇다면 섬을 한 두 개는 지났을 ……"~〈One Piece 26권 238화〉

하이 웨스트 정상에서 하늘섬에 올 수 있다고 말한다. 하이 웨스트의 High는 고도, 산의 높이를 의미한다. 얼마나 높기에 High라는 단어를 사용했을까? 하늘섬은 상공 10,000m에 떠있는 구름 섬이다. 하이 웨스트 정상에서 10,000m의 하늘섬에 올 수 있다. 즉, 하이 웨스트의 높이는 10,000m라는 사실을 알 수 있다.

Sky Pia

10,000m

하이 웨스트
높이=10,000m

하이 웨스트

그럼, 리버스 마운틴은 10,000m가 될까?

〈One Piece 12권 101화〉에서 루피 일행은 리버스 마운틴을 통해 Grand Line으로 들어간다. 그 과정이 101화에서 상세하게 나온다. 리버스 마운틴의 운하에 들어가자마자, 곧바로 산의 정상을 지나간다. 리버스 마운틴의 높이가 10,000m라면, 그렇게 단시간에 산 정상을 지나갈 수 있었을까? 그것은 시간적으로 불가능하므로, 리버스 마운틴은 10,000m의 산이 아니다.

조로 : "왠지 몸이 잘 움직이질 않아."
로빈 : "틀림없이 공기가 희박해서 그럴거야."~〈One Piece 26권 238화〉

하늘섬으로 올라온 루피 일행은 공기가 부족해 불편함을 호소한다. 리버스 마운틴의 높이가 10,000m라면, 리버스 마운틴을 지나가며 희박한 공기를 체험하게 된다. 따라서 루피 일행은 호흡의 불편함을 언급했어야 했다. 〈One Piece 12권 101화〉에서 루피 일행은 리버스 마운틴 정상을 지나면서 불편함을 호소하지 않는다. 이를 통해, 리버스 마운틴의 높이는 10,000m가 되지 않음을 다시 한 번 더 확인할 수 있다.

하이 웨스트는 10,000m의 산이기 때문에 High라고 불린다. 리버스 마운틴의 높이는 10,000m가 되지 못하므로 하이 웨스트가 아니다.

3) All or Noting

> 나미 : "운하로 못 들어가게 되면 배는 산산조각 나버려! 물고기 밥이
> 되는 거지."
> 상디 : "위대한 항로는 말야. 들어가기 전에 반은 죽는다고 들었어."
> ~⟨One Piece 12권 101화⟩

나미와 상디는 101화에서 리버스 마운틴의 운하에 대해서 설명한다. 리버스 마운틴의 운하에 들어가면 산 정상을 지나 Grand Line으로 들어가고, 운하에 들어가지 못하면, 죽게 된다. 즉, 배가 운하에 들면 전원이 리버스 마운틴의 정상에 갈 수 있고, 들지 못하면 전원이 죽게 된다는 뜻이다.

> 간 폴: "다른 루트[하이 웨스트]는 그렇지 못했을 거네. 천 명이 하늘을
> 목표해도 몇 명이 도착할지, 누가 살아남을지, 완전 도박이야.
> 하지만 녹-업 스트림은 전원이 죽든가, 전원이 도달하든가,
> 둘 중 하나지."~⟨One Piece 26권 238화⟩

간 폴은 녹-업-스트림으로 올 경우 전원이 죽든가, 전원이 도달하든가 둘 중 하나이며, 하이 웨스트는 그렇지 않다고 말한다. 그럼, 리버스 마운틴은 어떤가? 리버스 마운틴은 전원이 도달하든지, 전원이 죽든지, 둘 중 하나

인 방법이다. 즉, 리버스 마운틴은 녹-업-스트림과 동일한 설정(All or Nothing)을 가졌다. 리버스 마운틴이 하이 웨스트라면, 간 폴은 하이 웨스트 역시 녹-업-스트림과 같다고 말했어야 했지만, 간 폴은 두 경로는 다르다 고 말했다. 리버스 마운틴은 하이 웨스트가 아님을 알 수 있다. 이처럼 설정 을 통해서도 리버스 마운틴이 하이 웨스트가 아님을 확인할 수 있다.

2. 하이 웨스트(High West)

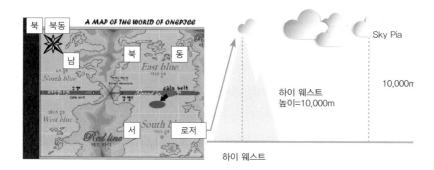

하이 웨스트

하이 웨스트는 10,000m의 산으로 High이다.

하이 웨스트는 Sky Pia의 서쪽에 있어 West이다.

두 의미를 합쳐 바테리라 섬에 있는 10,000m의 산을 하이 웨스트라고 부 른다.

산은 높을수록 더욱 위험하다. 현실에서 가장 높은 산은 에베르트 산이 다. 그래서 에베르트 산은 위험하기로 유명하다. 이런 에베르트 산조차 높 이가 8,848m로 10,000m가 되지 못한다. 그리고 One Piece에는 현실보다 더 혹독한 자연환경과 괴수들이 존재한다. 이런 악조건 속에서, 10,000m 산 을 오르는 것이 간단할까? 1,000명이 올라가면 몇 명이 도착할지, 누가 살 아남을지 예측할 수 있을까? 그것은 예측조차 할 수 없다. 완전히 도박이다.

그래서 간 폴은 하이 웨스트에 대해서 이렇게 설명한다.

> 간 폴: "다른 루트[하이 웨스트]는 그렇지 못했을 거네. 천 명이 하늘을
> 목표해도 몇 명이 도착할지, 누가 살아남을지, 완전 도박이야."
> ~〈One Piece 26권 238화〉

로저는 그 도박에 도전했고 성공했다. 그래서 Sky Pia에 두번째 방문을 했으며, 포네그리프 옆에 힌트 메시지를 남길 수 있었다.

One Piece L-file 2-4. 정리

하이 웨스트(High West)는 Sky Pia의 서쪽(West)! 바테리라 섬에 있는 10,000m(High) 산이다.
올바른 방위를 알지 못하면, 리버스 마운틴을 하이 웨스트로 착각할 수 있다.
하지만 리버스 마운틴은 하이 웨스트가 아니다.

리버스 마운틴의 비밀

리버스 마운틴은 High(10,000m)하지도 않고, West(서쪽)하지도 않다. 그리고 하이 웨스트의 설정(All or Nothing이 아니어야 함)과도 맞지 않다. 리버스 마운틴은 하이웨스트가 아니다. 그럼, 리버스 마운틴은 무엇일까? 리버스 마운틴에는 아무런 비밀이 없는 것일까? 그렇지 않다.
리버스 마운틴에는 하이 웨스트보다 더 중요한 비밀이 존재한다. One Piece 작품에서 2배, 아니 3배는 더 중요한 비밀이 리버스 마운틴에 존재한다. 이는 [Part Three L-file. 리버스 마운틴과 마리조아의 비밀]에서 설명하도록 하자.

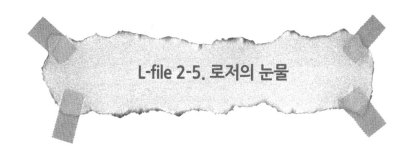

L-file 2-5. 로저의 눈물

에이스 : "난 포트거스라는 큰 은혜를 입은 어머니의 이름은 이어도, 변 변치 못한 아버지가 준 절반의 피는 단연코 거부해. 아무런 기 억도 아무런 은혜도 없으니까 ……"~⟨One Piece 54권 525화⟩

임펠 다운[18])에 투옥된 에이스는 거프에게 아버지로부터 받은 은혜는 없 다고 말한다. 로저는 에이스를 거프에게 부탁했다. 이를 사랑과 은혜라고 해석할 수 있을까? 약간 부족한 면이 있다. 그래서 에이스는 로저를 아버지 로 인정하지 않는다. 정말 에이스에 대한 애정이 로저에게 없었던 것일까? 이 질문의 답을 이번 L-file을 통해서 알아본다.

1. 아버지 로저

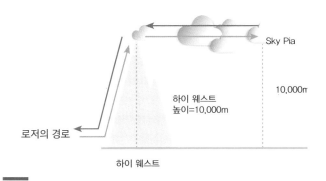

Sky Pia

10,000m

하이 웨스트
높이=10,000m

로저의 경로

하이 웨스트

---

18) 임펠 다운 : 캄 벨트 감옥. 세계의 범죄자를 구속하는 감옥으로 루피는 에이스를 구하기 위해 이곳에 잠입한다.

로저는 하이 웨스트로 Sky Pia에 갔었다. 로저는 이제 어떻게 청해로 내려 갔을까? 루피 일행처럼 문어 풍선을 이용했을까? 문어 풍선을 이용하는 방법은 배가 필요하고, 눈에 띄는 방법이다. 또한 Sky Pia의 주민이 도와주어야 가능한 방법이다. 로저는 자신의 행적을 숨기고 있었다. 따라서 로저는 문어 풍선을 이용해 내려간 것이 아니라, 다시 한 번 더 하이 웨스트를 통해 청해로 내려간다.

로저는 하이 웨스트를 두 번 이용한다. 올라갈 때와 내려갈 때 이용한다. 이 말은 로저는 바테리라 섬에 두 번 찾아갔다는 의미가 된다. 이는 해군의 대사를 통해서 확인할 수 있다.

해군 : "로저가 해적답지 않게 아버지를 연상시키는 행동을 하는 모습이 여기[바테리라 섬]에서 목격되었습니다."~〈One Piece 56권 551화〉

로저와 루즈가 사귀고 있다. 루즈와 사귀는 로저를 보고, 아버지를 연상할 수 있을까? 아니다. 할 수 없다. 서로 사랑하는 연인들을 보고 연상할 수 있는 단어는 애인, 연인, 부부이지 아버지, 어머니가 아니다. 하지만 목격자는 로저의 행동을 보고, 아버지를 연상했다고 한다. 아버지를 연상시키는 행동이라면, 루즈가 임신한 이후에 로저를 목격하여 아버지로 연상한다.

로저는 계속 바테리라 섬에 머물렀을까? 로저에게는 해야 할 일이 있고, 실제로 Sky Pia에는 로저의 메시지가 남아 있다. 즉, 로저는 루즈와 헤어지고 Sky Pia에 간다. 메시지를 남긴 후에 로저는 다시 바테리라 섬으로 돌아가 임신한 루즈를 만나게 된다. 그리고 이후 목격자는 로저를 보고, 아버지를 연상시키는 행동을 했다고 말한다.

2. 출산 트릭

> 센고쿠 : "여인은 우리 머릿속의 상식을 까마득히 초월해 아이를 생각하는 일념으로 꼬박 20개월 동안 아이를 뱃속에 품고 있었던 것이다."
> 센고쿠 : "부친의 죽음으로부터 1년하고도 3개월이 지나 세계 최대의 악. 그 피를 이어받아 태어난 아이. 그것이 바로 너(에이스)다."~⟨One Piece 56권 550화⟩
> 해군 : "녀석의 투옥으로부터 10개월 이내에 태어나는 아기를 모조리 찾아내라!"~⟨One Piece 56권 551화⟩

일반적으로 임신한 지 10개월 뒤에 출산을 한다. 하지만 루즈는 사랑하는 에이스를 위해 상식을 뛰어넘어, 20개월 뒤에 출산을 한다. 이렇게 세계정부가 예측한 출산 시기를 벗어남으로써 에이스는 살 수가 있었다. 그래서 출산 트릭은 어머니만의 희생으로 성립되었다고 생각하기 쉽지만 실제로는 그렇지 않다. 숨겨진 아버지의 희생, 로저의 희생이 있었다.

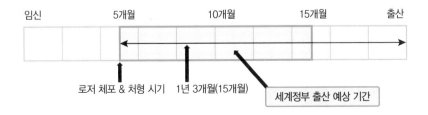

출산과 관련된 일들을 정리하면, 이 표와 같다.

루즈는 20개월 동안 임신을 했다. 출산일과 에이스의 탄생일은 똑같은 날이다. 에이스는 로저가 죽은 시기로부터 1년 3개월(15개월) 후에 태어났다. 루즈가 출산한 날로부터 1년 3개월 전에 로저가 체포되어 처형되었음을 알 수 있다.

출산 트릭의 핵심은 세계정부가 예상한 출산 기간을 벗어나는 것이다. 세계정부가 출산 시기를 예상할 수 있었던 기준은 무엇인가? 바로 로저의 체포이다. 로저가 체포된 시점으로부터 10개월 이내로 세계정부는 출산을 예상했다. 만약 로저가 5개월 뒤에 체포되었다면 어떻게 되었을까?

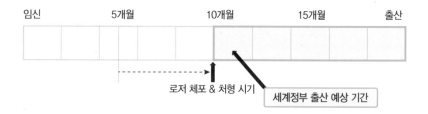

체포된 시기가 5개월 늦어지므로, 세계정부가 예상하는 기간 역시 5개월 늦어진다. 이 경우 세계정부가 예상한 기간에 루즈가 출산하게 되어, 에이스는 죽게 된다. 아무리 뱃속에 아기를 20개월 동안 품고 있어도 아기는 죽게 된다. 즉, 출산 트릭은 효과를 보지 못한다. 출산 트릭이 효과를 보려면 두 가지 조건이 필요함을 안 수 있다.

1. 아버지, 로저가 최대한 빨리 체포될 것
2. 어머니, 루즈가 최대한 늦게 출산할 것

두 가지 조건 중, 한 가지 조건만 만족하면 출산 트릭은 실패하고 에이스는 죽게 된다. 루즈가 아무리 출산을 미루어도, 로저가 늦게 체포되면 아무런 효과를 보지 못한다. 출산 트릭이 성공하려면, 두 가지 조건 모두를 충족시켜야 한다.

3. 로저의 눈물

1. 아버지, 로저가 최대한 빨리 체포될 것
2. 어머니, 루즈가 최대한 늦게 출산할 것

2번을 통해서 독자들은 어머니의 사랑을 느낄 수 있었다. 루즈는 자신의 목숨을 희생하며 아기를 위해 출산을 늦추었다. 루즈의 행동을 통해 모정(母情)을 느낄 수 있었다. 그럼, 반대로 1번을 통해 아버지의 사랑을 느낄 수 있을 것이다. 로저를 통해 부정(父情)을 느낄 수 있다. 로저는 아기를 위해 죽음을 서둘렀다. 자신이 최대한 빨리 죽어야 아기는 살 수 있기 때문이다.

로저는 미래에 나타날, 자신의 의지를 계승한 이들을 위해서 힌트 메시지를 남기려 했다. 그래서 로저는 메시지를 남기려 Sky Pia에 왔다. 로저는 아직 생이 끝나지 않았고, 죽을 시기도 아니었다. 로저는 아직 죽을 수 없다. 아직 해야 하는 일이 남아있기 때문이다. 하지만 사랑하는 아기를 위해서는 로저는 최대한 빨리 죽어야 한다(2장 참조). 로저는 사명도, 해야 할 일도, 자신의 남은 생도 사랑하는 아기를 위해서는 모두 포기한다. 모든 것을 포기한 로저가 아기를 위해 한 일은 이름을 지어주는 것이다.

> 루즈 : "여자 아이라면, 앤. 남자아이라면, 에이스. 그이[로저]가 그렇게
> 정해뒀어. 이 아이의 이름은 골 D 에이스 – 그이와 나의 아이."
> ~⟨One Piece 56권 551화⟩

사랑하는 아기의 생사도 알 수 없었던 아버지……로저

사랑하는 아기의 성별도 알 수 없었던 아버지……로저

사랑하는 아기를 위해, 죽음을 서둘렀던 아버지……로저

사랑하는 아기보다 먼저 죽은 아버지……로저

사랑하는 아기를 위해 죽음을 선택한 아버지. 그가 흘린 눈물, 그것이 로저의 눈물이며, 사랑이다. 로저는 에이스를 사랑했었다. 그 무엇보다도 더 사랑했었다.

자신의 목숨보다도 더 …… 사랑했었다.

...

..

.

One Piece L-file 2-5. 정리

로저는 에이스를 사랑했다.
그래서 자신의 계획과 생을 포기하고 죽음을 서두른다. 그것이 루즈와 계획한 출산 트릭이다.

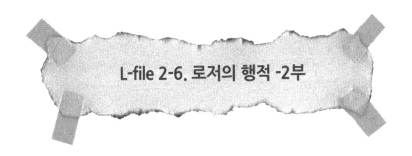

L-file 2-6. 로저의 행적 -2부

1. 로저의 비밀 행적

로저는 불치의 병에 걸렸고, 라프텔 섬으로 가는 최후의 항해를 떠났다. 이 과정은 [L-file 2-1]에서 설명하고 있으니 참고하자.

로저는 라프텔 섬에 도착했다. 당연히 로저는 리오 포네그리프에 만물의 소리를 듣는 능력을 사용한다. 그래서 리오 포네그리프의 정체를 알게 된다. 로저는 지금까지 자신이 본 고대왕국의 유산에 힌트를 남기기로 결심한다. 문제는 세계정부가 자신의 흔적을 추적할 거라는 사실이다. 어쩌면 자신의 흔적 때문에 고대왕국의 유산이 발각될 수도 있다. 그래서 로저는 흔적을 남기지 않기 위해, 홀로 여행을 떠나기로 계획을 세운다.

레일리 : "앞날이 없는 자신의 미래에 대해서도 계획을 마련해두고 즐기는 것처럼 보였어."~〈One Piece 52권 506화〉

로저는 흔적을 숨겨야 하기에 동료들과 같이 행동할 수 없었다. 혼자서 움직이는 편이 흔적을 숨기기에 유리하기 때문이다. 그래서 로저는 자신의 해적단을 해산시킨다. 로저가 왜 자신의 해적단을 비밀리 해산시켰는지 이렇게 알 수 있다.

레일리 : "위대한 항로 제패를 달성한 거지 …… 선장 명령으로 로저 해적단은 남몰래 해산 ……"~〈One Piece 52권 506화〉

그 후에 로저는 Sky Pia의 포네그리프에 힌트를 남기려 했지만, 혼자서는 녹-업-스트림으로 갈 수 없었다. 그래서 하이 웨스트로 가기로 계획하고, 바테리라 섬으로 간다. 그 곳에는 로저가 예상하지 못했던 루즈와의 만남이 기다리고 있었다. 바로 루즈와의 사랑이었다. 이에 대해서 [L-file 2]에서 설명하고 있으니 참고하자.

로저는 루즈와 잠시 헤어지고, 10,000m의 산, 하이 웨스트를 통해 Sky Pia로 간다. Sky Pia에 도착한 로저는 포네그리프 옆에 힌트 메시지를 남긴다. 로저는 다시 하이 웨스트를 통해, 바테리라 섬으로 돌아가 루즈를 만나고, 비밀 여행을 떠나려 한다. 그런데 계획 밖의 일이 일어나는데 그건 루즈의 임신이었다.

로저와 루즈는 사랑하는 아기를 살리기 위해, 출산 트릭을 계획하고 실행한다. 루즈는 출산을 미루고, 로저는 죽음을 서두른다. 로저는 거프에게 루즈와 아기를 부탁하고 로저는 East Blue의 로그 타운으로 이송되어 죽는다. 로저는 자신의 죽음으로 대 해적 시대를 연다.

이것이 로저의 숨겨진 발자취, 행적이다. 1부에서는 라프텔 이전의 행적을, 2부에서는 라프텔 이후의 행적을 다루고 있다.

2. 로저의 비밀 유지

로저는 자신의 행적을 숨기기 위해 노력했었다. 이는 간 폴과 레일리를 통해서 알 수 있다.

로저는 Sky Pia에 두 번 갔지만, 간 폴은 이를 모르고 있다. 간 폴은 동료들과 같이 녹-업-스트림으로 온 로저의 행적만 알고 있다. 로저가 두번째로 Sky Pia에 갔을 때, 간 폴을 만나지 않고, 몰래 메시지만 남기고 간 것이다. 로저는 자신의 흔적을 숨기고 있어야 하므로 간 폴과 만나지 않은 거라 할 수 있다. 간 폴과 만난다면 흔적이 남을 수 있기 때문이다.

이는 레일리의 경우에도 동일하다. 레일리는 부선장임에도 불구하고, 해산한 이후에 로저가 무엇을 했는지 모르고 있다. 그것은 로저가 부선장인 레일리에게조차 비밀로 했기 때문이다.

레일리는 에이스가 로저의 아들인지도 모르고 있다.

로저 해적단의 선원이었던 상크스를 통해, 레일리는 루피를 알게 된다. 레일리는 상크스와 인연이 있고, 로저의 모자를 쓴 루피를 도와준다. 루피 일행이 PX[19]에 공격을 당할 때, 루피가 상처를 입고 여인섬[20]으로 갔을 때, 레일리는 루피를 도와준다. 하지만 레일리는 로저의 아들인 에이스를 돕지 않는다. 로저의 모자를 쓴 루피는 도와주지만, 로저의 아들인 에이스는 돕지 않는다. 레일리는 에이스가 로저의 아들인지 몰랐기 때문이다. 레일리에게 에이스는 로저의 아들이 아니라, 라이벌 해적단인 흰 수염 해적단의 2번대 대장일 뿐이다. 그래서 레일리는 에이스를 구하기 위해, 마린포드[21]에 나타나지 않는다.

왜 레일리는 로저의 아들이 에이스라는 사실을 모를까? 로저가 자신의 행적을 레일리에게 숨겼기 때문이다. 그래서 레일리는 로저의 행적을 모르고, 그 행적 도중에 생긴 아들인 에이스의 존재를 모른다.

로저와 친한 간 폴과 레일리조차 로저의 행적을 몰랐다. 이를 통해서 로

---

19) PX(파시피스타) : 칠무해 쿠마의 외형을 띄고 있는 로봇(혹은 사이보그), 샤본디 제도에서 등장한다.

20) 여인섬(아마존릴리) : 칠무해 핸콕의 섬으로 캄 벨트에 위치하고 있다. 여자만 태어나는 특이한 섬이다.

21) 마린포드 : 해군 본부의 전진 기지로 이곳에서 흰수염 vs 해군&칠무해 정상 대전이 일어난다.

저는 자신의 행적을 철저하게 숨겼음을 알 수 있다. 로저는 자신의 의지를 계승한 이들을 위해 비밀 여행을 계획했다. 세계정부가 자신의 행적을 추적하지 못하도록 비밀 여행을 떠난다.

3. 로저의 죽음

> 레일리 : "앞날이 없는 자신의 미래에 대해서도 계획을 마련해두고 즐기는 것처럼 보였어."~〈One Piece 52권 506화〉

애초부터 로저는 자신의 죽음(처형)을 계획하고 있었음을 알 수 있다.

로저가 살던 시기! 세계는 천룡인과 세계정부의 지배를 받고 있다. 지배의 시대이다. 로저는 지배를 싫어하고, 자유를 추구하는 캐릭터이다. 로저는 라프텔 섬에 도착해서 리오 포네그리프를 통해 진짜 역사를 알게 된다. 과거 자유를 추구했던 나라, 세계정부가 멸망시킨 나라, 고대왕국의 존재를 알게 된다. 이제 로저는 어떻게 했을까? 로저는 지배의 시대가 끝나고, 자유의 시대가 오길 기원한다. 하지만,자신이 직접 할 수는 없다. 불치의 병에 걸려 남은 생이 얼마 남지 않았기 때문이다.

로저는 미래에 나타날, 자신의 의지를 계승한 이가 자유의 시대를 열기 바란다. 미래의 인물을 위해, 자신의 남은 생을 사용하기로 결심한다. 그래서 지금까지 알고 있는 고대왕국의 유산에 힌트를 남기기로 계획한다. 조금이라도 쉽게 고대왕국의 역사를 알 수 있도록 힌트를 남긴다. 이는 흰 수염의 대사를 통해서 확실하게 알 수 있다. 로저는 흰 수염이 말한 사람, 모든 역사를 짊어지고 지배의 시대에 도전할 자, 자유를 추구할 자, 자유의 시대를 열어줄 사람을 기대한다.

에드워드 뉴게이트(흰 수염) : "그렇게 먼 옛날부터 맥맥이 계승되어 왔어. 그리고 미래. 언젠가 그 수백 년간의 역사 전부를 짊어지고, 이 세계에 도전할 자가 나타난다."~〈One Piece 59권 576화〉

하지만 모든 역사를 알게 된다 하더라도 세계를 변화시킬 수 없다. 세계정부와 대립할 수 있는 힘이 있어야 한다. 세계정부와 대립할 수 있는 세력이 생기도록 로저는 계획한다. 그 세력은 해적이다. 그래서 로저는 자신의 목숨을 도화선으로 대 해적 시대를 연다. 로저는 처음부터 자신의 목숨으로 대 해적 시대를 열 계획이었다. 레일리의 이야기를 들은 우솝의 감상이 정확하다.

우솝 : "듣고 보니 이 해적시대는 완전히 의도적으로 로저가 만든 것 같군."~〈One Piece 52권 506화〉

다만, 로저가 예상하지 못했던 것은 자신의 처형 시기였다.
로저는 모든 힌트를 남긴 이후에 자수하고 처형될 것을 계획했지만, 모든 힌트를 남기기 전에 죽게 된다. 사랑하는 아기, 에이스를 살리기 위해서였다. 자신의 계획보다 빠르게 로저는 죽게 된다. 이는 [L-file 2-5]에서 설명하고 있으니, 이를 참조하면 된다.

어쨌든 로저는 죽었고 그 죽음으로 대 해적 시대는 열리게 되는 것은 로저의 계획이었다. 로저가 예상하지 못했던 것은 자신이 죽을 시기였지, 죽는다는 사실이 아니었다. 로저는 처음부터 처형될 것을 계획하고 있었다.

로저가 바라던 사람! 자유를 추구하는 자! 이는 누구일까?

설명할 것도 없이, 그 사람은 루피임을 짐작할 수 있다. 루피에 의해, 세계는 세계정부의 지배에서 벗어나 자유를 누리게 될 것이다.

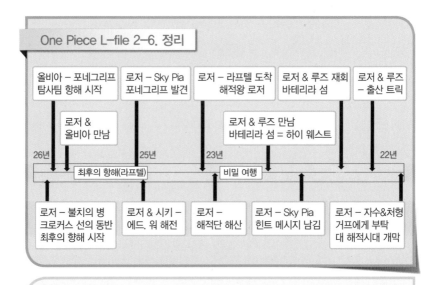

One Piece L-file 2-6. 정리

| 올비아 – 포네그리프 탐사팀 항해 시작 | 로저 – Sky Pia 포네그리프 발견 | 로저 – 라프텔 도착 해적왕 로저 | 로저 & 루즈 재회 바테리라 섬 | 로저 & 루즈 – 출산 트릭 |

로저 & 올비아 만남

로저 & 루즈 만남 바테리라 섬 = 하이 웨스트

26년 · 25년 · 23년 · 22년

최후의 항해(라프텔) · 비밀 여행

| 로저 – 불치의 병 크로커스 선의 동반 최후의 항해 시작 | 로저 & 시키 – 에드. 워 해전 | 로저 – 해적단 해산 | 로저 – Sky Pia 힌트 메시지 남김 | 로저 – 자수&처형 거프에게 부탁 대 해적시대 개막 |

로저는 최후의 항해(3년)로 라프텔에 도달해서, 모든 역사를 알게 된다. 자유의 의지를 계승할 이가 나타날 것을 기대하고 비밀 여행(1년)을 계획한다. 그래서 로저 해적단을 해산시키고, 홀로 여행을 떠난다.
여행 도중에 계획에도 없는 사랑에 빠지고 태어날 아기를 위해 계획을 포기한다. 아기를 위해서 출산 트릭을 계획하고 죽음을 선택한다. 로저의 죽음으로 대 해적시대가 개막된다.

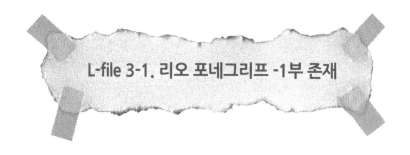

L-file 3-1. 리오 포네그리프 -1부 존재

[L-file 2]은 리오 포네그리프가 존재한다는 가정 아래에 작성되었다. 이번 L-file을 통해서 리오 포네그리프가 라프텔 섬에 존재함을 설명해 본다.

1. 리오 포네그리프는 존재한다. - by 로저

리오 포네그리프가 존재하지 않는다면 어떻게 될까? 로저는 어떻게 모든 역사를 알게 된 것일까? 그리고 루피 일행은 앞으로 어떻게 모든 역사를 알게 될까?

-포네그리프를 이어 읽어야 공백의 역사를 메우는 하나의 문장, 리오 포네그리프가 된다.-

리오 포네그리프가 존재하지 않는다면 방법은 한가지뿐이다. 정보가 기록된 모든 포네그리프를 찾아서 해독하는 방법이다. 즉, 로저는 모든 포네그리프를 해독했다는 결론이 나온다. 루피 역시 앞으로 모든 포네그리프를 해독해야 하는데 이런 결론은 상당한 문제점을 가지고 있다.

세계정부는 포네그리프를 연구하는 것을 금지시켰다. 그리고 전 세계에 흩어진 포네그리프를 회수하고 있다. 이는 고대왕국이 멸망한 시점, 800년 전부터 해오던 일이다. 리오 포네그리프가 존재하지 않는다면, 모든 포네그리프를 해독해야 한다. 당연히 세계정부가 회수해간 포네그리프의 정보도 해독해야 한다. 세계정부의 중추에 가서 회수되어진 포네그리프를 해독해야 하기에, 이는 불가능한 일이다. 그리고 로저는 이러한 일을 하지 않았다. 이러한 일이 일어났다면, 이미 작품에서 이런 이야기가 언급됐어야 했다.

루피는 어떤가? 루피 일행(로빈)도 회수된 모든 포네그리프를 해독해야 한다. 루피 일행은 세계정부의 중추에 침입할 수 있을까? 로저가 불가능했듯이, 루피 역시 불가능하다. 모든 포네그리프를 해독한다는 것은 불가능에 가깝다.

가정이 틀렸다고 보는 것이 타당하다. 리오 포네그리프는 존재하지 않는다는 가정이 틀린 것이다. 즉, 리오 포네그리프는 존재함을 알 수 있다.

2. 리오 포네그리프는 존재하지 않는다. – by 로빈

1장에서 리오 포네그리프는 존재한다고 설명했다. 하지만 작품에서 리오 포네그리프는 존재하지 않는다고 주장하는 이가 있는데 바로 로빈이다.

> 로빈 : "분명 그걸 이어서 읽어야만 공백의 역사를 메우는 하나의 문장이 될 겁니다. 이어 완성한 지금까지 존재하지 않았던 텍스트인 리오 포네그리프!"~⟨One Piece 32권 301화⟩

로빈은 리오 포네그리프가 존재하지 않는다고 주장한다. 그래서 정보를 기록한 포네그리프를 이어 읽어야만 만들어진다고 주장한다. 그것이 존재하지 않으므로 이어 읽어서, 만들어야만 진짜 역사를 알 수 있다고 말한다. 과연 리오 포네그리프는 존재하는 것일까? 존재하지 않는 것일까? 그 대답은 "존재한다"이다. 로빈의 주장이 틀렸기 때문이다.

로빈의 주장이 틀렸다는 증거는 바로 로빈 자신이다. 로빈은 크로커다일의 음모에 동참했었다. 로빈은 왜 크로커다일[22]의 음모에 협조했을까? 알라바스타의 포네그리프 때문이다. 알라바스타의 포네그리프를 보기 위해서 음모에 동참했었다.

코브라 국왕 : "왜 여기에 온 거지?"
로빈 : "내가 찾고 있는 건 리오 포네그리프! ……. 유일하게 진짜 역사를 기록하고 있는 돌." ~〈One Piece 24권 218화〉

로빈은 리오 포네그리프를 찾아왔다고 말한다. 이상하지 않는가? 로빈은 Sky Pia에서 리오 포네그리프는 존재하지 않는다고 말했다. 그런데 존재하지도 않는 리오 포네그리프가 왜 알라바스타에 존재한다고 생각했을까? 존재하지 않는다고 주장하는 대상이 존재할거라 기대하고 찾아왔다는 뜻이다. 로빈의 언행은 앞뒤가 맞지 않는다. 어떻게 된 것일까?

이렇게 된 것이다. 로빈은 알라바스타의 포네그리프를 보기 전까지 리오 포네그리프는 존재한다고 생각했다. 그래서 크로커다일의 계획에 동참하고 곧 로빈은 리오 포네그리프는 존재하지 않는다고 결론을 내린다. 즉, 생각이 바뀐 것이다. 그래서 Sky Pia에서 "존재하지 않는 텍스트", "이어 읽어야만"한다고 말한다. 도대체 로빈은 왜 생각이 바뀐 것인가? 그 이유는 로빈의 과거에 있다.

로빈은 어릴 때부터 악마의 열매를 먹은 능력자였다. 오하라 섬 주민들은 로빈을 요괴라 부른다. 로빈은 도와줄 부모가 없다. 그래서 따돌림 당하며, 외롭게 지낸다. 유일하게 로빈을 도와주는 이들은 오하라의 고고학자들이다. 로빈에게 이들만이 유일한 위안이며 행복이었지만, 이들조차 자신을 따돌리고 있다는 충격적인 사실을 알게 된다. 자신만을 따돌리고 지하에서 포네그리프를 연구함을 알게 된다. 이들에게마저 따돌림 받기 싫은 로빈은 고

22) 크로커다일 : 알라바스타 왕국을 빼앗으려 한 칠무해, 모래모래 능력자로 임펠 다운에서 재등장한다.

고학자가 되기로 결심한다.

하지만 오하라 섬은 정부요인들에 의해서 멸망하여 버스터 콜로 사라지게 된다. 로빈을 도와주던 유일한 고고학자들도, 운명적으로 다시 만난 엄마도 사라진다. 로빈은 이 세상에 혼자 남은 외톨이이다. 로빈에게 남은 것은 오하라 고고학자들의 목표이자, 엄마의 목표인 리오 포네그리프를 찾는 것이다. 로빈이 죽지 않고 살아가는 이유는 리오 포네그리프를 찾기 위해서이다. 오하라 고고학자와 엄마의 의지를 잊는 것이 유일한 목표이다.

그렇지만 상황은 더욱 더 심각해진다. 로빈의 생존을 안 세계정부는 막대한 현상금을 건다. 로빈은 배반과 배신을 당하며 도망친다. 결국, 로빈은 배신당하기 전에, 먼저 배신하기로 한다. 이 세상에서 홀로 살아가며, 아무도 믿지 못하고 죽지 못해 살아가던 로빈에게 남은 것은 리오 포네그리프를 찾는 것만 남았을 뿐이다.

그 정도로 절박했던 로빈은 20년을 버틴다. 오직 리오 포네그리프를 찾기 위해, 죽지 않고 버텼다. 결국, 로빈은 알라바스타의 포네그리프를 알게 된다. 알라바스타는 세계정부의 가맹국으로, 표면적으로 세계정부의 비호를 받고 있는 국가이다. 그리고 포네그리프를 은밀하게 숨기고 있는 국가이다. 로빈은 어떻게 생각했을까? 20년 동안 절박하게 살아온 로빈은 어떻게 생각했을까?

알라바스타에 리오 포네그리프가 존재할거라 기대한 것이다. 20년 동안, 리오 포네그리프를 찾았지만 발견하지 못했다. 겨우 가능성 있는 장소를 발견하게 되는데 그것은 알라바스타 왕국이다. 로빈은 알라바스타에 리오 포네그리프가 존재한다고 기대한다. 그래서 크로커다일의 음모에 가담하지만, 알라바스타에는 리오 포네그리프가 없었다. 고대병기인 플루톤에 대해서만 적혀있었다. 이는 코브라와 로빈의 대화를 통해 확실히 알 수 있는 내용이다.

코브라 : "그 돌에는 …… 너희들이 원하는 병기[플루톤]에 대한 모든
　　　　 것이 기록되어 있다."
로빈 : "예상과 기대란 다른 거야. 내가 찾고 있던 건 리오 포네그리프."
　　~⟨One Piece 24권 218화⟩

　로빈의 과거를 통해 로빈이 얼마나 절박했는지 알 수 있다. 그런 로빈에
게 알라바스타의 포네그리프는 마지막 희망이었지만, 마지막 희망조차 기
대를 저버린다. 리오 포네그리프는 알라바스타에 없었다. 그래서 로빈은 리
오 포네그리프는 이 세상에 존재하지 않는다고! 존재하지 않기 때문에, 20
년 동안 찾을 수 없었다고! 그동안의 일은 모두 헛수고였다고 결론을 짓는
다. 존재하지 않기 때문에 더 이상 찾을 이유가 없다고 판단한다. 그런 결론
을 내리고서 Sky Pia에서 "지금까지 존재하지 않았던 텍스트"로 리오 포네
그리프가 존재하지 않는다고 말한다.
　알라바스타의 포네그리프를 보기 전까지 로빈은 리오 포네그리프는 존재
한다고 생각했었다. 하지만 알라바스타의 포네그리프를 본 후에는 로빈은
리오 포네그리프는 존재하지 않는다고 생각한다. 그 주장은 개인적인 감정
과 경험으로 내린 결론에 불과하다. 객관적인 근거를 바탕으로 내린 결론이
아니므로 로빈의 주장은 믿을 수 없고 신뢰할 수 없다.
　로빈이 얼마나 절박했는지는 로빈의 행동을 통해서 알 수 있다.
　로빈에게 알라바스타의 포네그리프는 마지막 희망이었는데 그 희망조차
실패한다. 20년 동안 죽지 않고 살아온 이유가 리오 포네그리프 때문이었
다. 그러네 그 리오 포네그리프는 존재하지 않는다고 결론지었다. 이제 로
빈은 무엇을 할까? 로빈은 지쳤고 더 이상의 희망도, 더 이상 살아갈 목적
도 없다. 자신이 그리워하는 사람들은 모두 오하라 섬에서 사라졌고, 이 세
상에 혼자다. 희망도, 목표도 없는 로빈은 무엇을 할까? 로빈이 선택한 것은
죽음이다. 아니, 죽음밖에 선택할 것이 없었다.

로빈 : "20년 동안 줄곧 찾아다녔지만, 이 이상의 포네그리프에 대한 정
　　　보는 없어. 이곳이 마지막 희망이었지. 그리고 빗나갔어. 여기서
　　　이대로 죽는다면 그것도 좋겠지. 이제 난 이런 식으로 살아가는
　　　것에 지쳤어."~〈One Piece 24권 218화〉

이 당시 로빈은 객관적인 근거 없이, 리오 포네그리프가 없다며 감정적으
로 결론을 낸 것이다. 그래서 로빈은 알라바스타에서 죽으려 하지만 루피의
억지로 살게 되었고, 결국 루피의 동료가 되었다.

3. 리오 포네그리프는 존재한다.

1장에서, 리오 포네그리프는 존재함을 설명했다. 그리고 2장에서, 로빈의
주장이 틀렸음을 설명했다. 리오 포네그리프가 존재하지 않는다는 로빈의
주장은 틀렸다. 로빈의 주장은 객관적인 정보를 바탕으로 내린 결론이 아니
라, 감정적으로 내린 결론에 불과하다. 주관적인 감정으로 내린 로빈의 주
장을 믿을 수 없으며, 틀렸다고 보는 것이 맞다. 오히려 1장의 내용처럼 로
저와 루피를 통해, 알게 된 결론이 맞았다고 봐야 한다. 그래서 리오 포네그
리프는 존재한다고 말할 수 있다. .

"나 이곳에 왔노라. 이 글을 땅끝으로 인도한다. 해적 골.D.로저"
~〈One Piece 32권 301화〉

리오 포네그리프는 존재한다. 그리고 로저는 리오 포네그리프가 땅끝!
Grand Line의 마지막 섬! 라프텔 섬에 존재한다고 메시지를 남긴다. 리오
포네그리프는 라프텔 섬에 존재한다. 로저는 라프텔 섬에 있는 리오 포네그
리프를 만물의 소리를 듣는 능력으로 해독한다. 그래서 진짜 역사를 알게

되고, 비밀 여행을 떠난다. 두 번째로 Sky Pia에 온 로저는 라프텔 섬에 리오 포네그리프가 존재한다고 힌트를 남긴다.

One Piece L-file 3-1. 정리

리오 포네그리프는 라프텔 섬에 존재한다. 존재하지 않는다고 주장하는 로빈의 의견은 틀렸다.

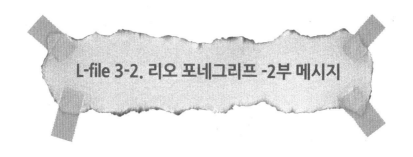

L-file 3-2. 리오 포네그리프 -2부 메시지

로저는 Sky Pia의 포네그리프 옆에 메시지를 남겼다. 이 메시지를 풀이해보자. 그다지 어렵지 않다.

1. 로저의 메시지

리오 포네그리프는 라프텔 섬에 존재한다. 로저는 라프텔 섬에 도달했다. 라프텔 섬의 리오 포네그리프를 해독한 로저는 진짜 역사를 알게 된다. 전 세계에 흩어진 포네그리프의 의미도 알게 된다. 흩어진 포네그리프는 리오 포네그리프의 일부 내용을 기록한 것이다. 로저는 후대를 위해, 이 사실을 알리려고 힌트 메시지를 남기려 비밀 여행을 떠난다.

"나 이곳에 왔노라. 이 글을 땅끝으로 인도한다. 해적 골.D.로저"
~⟨One Piece 32권 301화⟩

로저는 라프텔 섬(땅끝)에 리오 포네그리프가 존재한다고 우회적으로 알린다. 그리고 리오 포네그리프는 흩어진 포네그리프의 내용이 합쳐진 문장이 기록된 포네그리프라는 사실을 알린다.

2. 로빈의 해석

"나 이곳에 왔노라. 이 글을 땅끝으로 인도한다. 해적 골.D.로저"
~〈One Piece 32권 301화〉

로빈은 로저의 메시지를 보게 되고 리오 포네그리프의 정체를 추론한다. 추론하는 과정은 로저의 메시지를 그대로 따라하면 되기 때문에 간단하다. 로저의 지시대로 이곳(Sky Pia)의 글(포네그리프 내용)을 땅끝(라프텔) 섬으로 인도한다. Sky Pia 포네그리프 내용은 라프텔 섬으로 간다. 이와 같은 일을 모든 포네그리프에 적용해 보면, 포네그리프에 적힌 내용은 모두 라프텔 섬에 도착한다. 즉, 모든 포네그리프 내용은 라프텔 섬에서 모인다.

이렇게 모인 내용을 모두 이어서 읽으면 숨겨진 역사, 진짜 역사를 알게 된다. 진짜 역사, 리오 포네그리프는 모든 포네그리프 내용이 이어진 문장과 동일하기 때문이다.

로빈 : "그걸[정보를 가진 포네그리프] 이어서 읽어야만 공백의 역사를 메우는 하나의 문장[리오 포네그리프]이 될 겁니다."~〈One Piece 32권 301화〉

즉, 로저의 힌트로부터 추론한 로빈의 결론은 사실이다. 라프텔 섬에서 모인 모든 포네그리프 내용을 이어 읽으면 공백의 역사를 메우는 하나의 문장이 된다. 그 문장은 라프텔 섬에 존재하는 리오 포네그리프에 이미 적혀 있어 반드시 모든 포네그리프를 해독할 필요가 없다. 라프텔 섬에 도착해 리오 포네그리프를 해독하면, 진짜 역사를 알 수 있다.

3. 로빈의 착각

로저가 남긴 메시지의 의미는 두 가지이다.
1. 라프텔 섬(땅끝)에 리오 포네그리프는 존재한다.
2. 리오 포네그리프의 내용은 다른 포네그리프 문장을 이어 읽은 것과 동일
   하다.

　따라서 진짜 역사를 알고 싶다면, 라프텔 섬에 가서 리오 포네그리프를
해독하라는 것이 로저의 의도이다. 하지만 로빈은 리오 포네그리프에 대한
심각한 착각을 가지고 있다(L-file 3-1). 로빈은 리오 포네그리프는 존재하지
않는다고 착각하고 있었기 때문에 Sky Pia에서 "존재하지 않는 텍스트"라
고 말한다. 이것은 로빈의 실수이며, 착각에 불과하다. 리오 포네그리프는
존재한다.

진짜 역사를 아는 방법은 두 가지이다.
1. 리오 포네그리프를 해독(라프텔 섬에 가야 함 & 모든 포네그리프 찾지 않아도
   됨)
2. 모든 포네그리프를 해독(라프텔 섬에 가지 않아도 됨 & 모든 포네그리프 찾아
   야 함)

　첫 번째 방법은 반드시 라프텔 섬에 가야만 한다. 그래서 로저는 라프텔
섬(땅끝)으로 가라고 한다. 반대로 두 번째 방법은 라프텔 섬에 가지 않아도
된다. 모든 포네그리프를 해독하면 된다. 모든 정보를 이어 읽기만 하면 된
다. 이어서 읽는 행동은 어떤 장소에서도 가능한 행동이다. 라프텔 섬에서
만 가능한 행동이 아니므로 라프텔 섬에 갈 이유가 없다.
　두 번째 방법은 사실상 불가능하다. 일부의 포네그리프가 세계정부에 회

수되었기 때문이다. 현재 가능한 방법은 첫 번째 방법뿐이다. 그래서 로저는 라프텔 섬에 가서, 리오 포네그리프를 해독하라고 한다. 리오 포네그리프는 존재하지 않는다고 착각한 로빈이 오해했을 뿐이다.

흩어진 모든 포네그리프를 해독해서 루피 일행이 진짜 역사를 알게 되는 것이 아니다. 라프텔 섬에 존재하는 리오 포네그리프를 해독함으로써, 진짜 역사를 알게 될 것이다. 이로써 로빈은 엄마와 오하라 고고학자의 목표는 물론, 자신의 꿈을 이루게 될 것이다. 그리고 전 세계에 진짜 역사, 고대왕국의 역사를 알려줄 것이다.

One Piece L-file 3-2. 정리

앞으로 모든 포네그리프를 찾는 방향으로 진행되지 않을 것이다.
라프텔 섬에 있는 리오 포네그리프를 해독함으로써 숨겨진 역사, 진짜 역사를 알게 될 것이다.

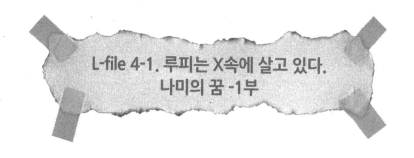

L-file 4-1. 루피는 X속에 살고 있다.
나미의 꿈 -1부

이번 L-file은 Nonsense Quiz 형식으로 작성된 글입니다.

1. 문제의 1장

루피는 X속에 살고 있다. 티치도, 조로도, 나미도

"사람의 꿈은 끝나지 않아!" - (루피, 조로, 나미에게) - By 티치 -

~〈One Piece 24권 225화〉

Q : X는 무엇일까요?

〈 힌트이면서, 동시에 함정인 문장 〉

1. 제목 : L-file 4-1. 루피는 X속에 살고 있다. ~ 나미의 꿈 -1부

2. 풀이 과정에서, 적을 수 있는 필기도구인 메모장과 펜이 필요합니다. 미리 준비하세요.

3. X를 그대로 생각하시면 됩니다.

4. 1~3번 모두 힌트인 문장이면서, 함정을 가지고 있습니다.

5. 그렇게 어렵지는 않습니다. 하지만 어떤 고정관념에 얽매인다면, 못 풀지도 모릅니다.

   ~ 나름대로 X가 무엇인지 생각했다면, 풀이 과정으로 GO! ~

2. 풀이의 2장

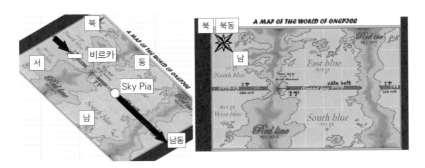

기존의 지도에서 위쪽은 북동쪽임을 알 수 있다. 위를 북쪽으로 한 상태로 보고 싶다면, 왼쪽처럼 45도 회전하면 된다. ~[L-file 1-1. 비르카 Episode -1부 위치] 中

지금까지 [L-file 1], [L-file 2]에서 이 지도를 사용했었다. 이 지도가 크게 틀린 것이 아니라, 단지 지도의 위가 북동쪽일 뿐이다. 위가 북쪽인 지도를 제작해 보자. 준비물인 메모장과 펜을 사용해서 제작해 보자.

1) 지도의 위를 북쪽으로 설정하자(정사각형 지도).

2) Grand Line을 그리자.

Grand Line은 서-동인 항로가 아니라, 북서-남동인 항로이기 때문이다. ~[L-file 1-1. 비르카 Episode -1부 위치] 中

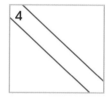

3) Red Line을 그리자.

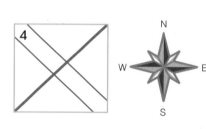

나미 : (레드 라인에) "직각으로 세계를 일주하는 항로가 바로 위대한 항로[23]" ~〈One Piece 3권 22화〉

Grand Line과 Red Line은 서로 수직된다. 방위를 똑같이 설정했으므로, 〈One Piece 3권 22화〉와 동일한 사선(/)으로 그리면 된다. Red Line은 북동에서 남서로 되어 있다.

4) 4개의 Blue를 적자.

North Blue는 북쪽에 있기에 북쪽의 바다이고, East Blue는 동쪽에 있

---

23) 위대한 항로 = Grand Line. 동일한 의미의 단어이다.

기에 동쪽의 바다이다. ~[L-file 1-1. 비르카 Episode -1부 위치] 中

방위에 맞도록, 4개의 Blue의 이름을 적자.

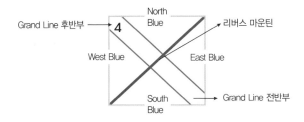

5) 리버스 마운틴 혹은 마리조아?

지도의 중심에서 Red Line과 Grand Line이 만난다. 이곳은 리버스 마운틴일까? 마리조아일까? East Blue와 South Blue의 사이는 Grand Line 전반부이다. 반대쪽은 후반부이다. 이렇게 전반부와 후반부가 위치하는 장소는 마리조아가 아니라, 리버스 마운틴이다. 지도의 중심은 리버스 마운틴이다.

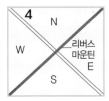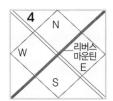

이제 완성된 이것이 One Piece의 세계지도이다. 위를 북쪽으로 설정했을 때의 세계지도이다. Red Line과 Grand Line이 만나는 또 다른 장소인 마리조아는 어디에 있을까?

이렇게 지도를 접어서 뒤로 넘겨보자. Red Line과 Grand Line이 만나는 지점이 하나 더 생김을 알 수 있다. 이곳이 마리조아이다. 그리고 접힌 형태가 One Piece의 행성본이다. 이렇게 세계지도와 행성본을 구할 수 있다.(http://youtu.be/oAjfk_LWumw의 동영상을 참조)

O.P.S - Map

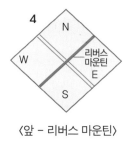

〈앞 - 리버스 마운틴〉   〈뒤 - 마리조아〉

3. 정답의 3장

이제 정답을 알 수 있다. 정답을 공개하자.

루피는 X 속에 살고 있다. 티치도, 조로도, 나미도....
루피는 ⊠ 속에 살고 있다. 티치도, 조로도, 나미도....

정답은 One Piece의 행성, 푸른 별, One Piece의 세계지도, One Piece 세계, 세상입니다.

〈힌트이면서, 동시에 함정인 문장〉

1) 제목 : L-file 4-1. 루피는 X속에 살고 있다. ~ 나미의 꿈 -1부
  나미의 꿈은 One Piece 세계의 지도 제작입니다. 나미의 꿈대로 지도 제작을 하시면, 답을 알 수 있습니다.

2) 풀이 과정에서, 적을 수 있는 필기도구인 메모장과 펜이 필요합니다.
  미리 준비하세요.
  지도를 어디에 그렸나요? 예! 준비한 메모장에 펜으로 그렸습니다.

3) X를 그대로 생각하시면 됩니다.

X는 푸른 별의 세계지도의 모양, X모양 그대로입니다.

4) 1~3번 모두 힌트인 문장이면서, 함정을 가지고 있습니다.

어떻게 힌트가 되는지는 위에서 설명하고 있으니, 추가 설명은 하지 않겠습니다. 함정에 대해서 설명하겠습니다.

1번 함정 ➡ 흔히 문자 하나를 X나 *로 표시합니다. 그래서 퀴즈의 X가 하나의 문자를 의미한다고 착각했을 수 있습니다. 그리고 꿈이라는 단어는 문자 1개인 단어입니다. 그래서 X는 꿈이라고 생각했을지도 모르겠습니다. 하지만 X는 꿈이 아닙니다. 이 모든 것은 함정입니다. 꿈은 필자가 준비한 가짜 답으로 꿈이라는 단어를 의도적으로 부각시켰습니다. 이 모든 것은 함정입니다.

2번 함정 ➡ 2번 문장을 보고, "적는다"라는 인상을 받았을 겁니다. 하지만 실제로 사용한 용도는 "적는다"가 아니라, "그린다"였습니다. 일부러 "적을 수 있는 필기도구"라는 불필요한 수식어와 "메모장"이라는 단어를 사용했습니다. 마치 적기 위해서 필요하다는 인상을 주었습니다. 이 역시 함정입니다.

3번 함정 ➡ 1번 함정으로, X가 꿈이라고 생각했다면, 3번 문장을 보고, '역시 꿈이 맞구나!'하고 생각했을지도 모르겠습니다. 이 역시 함정입니다.

5) 그렇게 어렵지는 않습니다. 하지만, 어떤 고정관념에 얽매인다면, 못 풀지도 모릅니다.

어려웠나요? 제 생각에는 그렇게 어렵지 않았다고 생각합니다. 지도를 제작하기 위해 필요한 단서는 [L-file 1], [L-file 2]에서 모두 드렸습니다. 그 단서로 그리시면 됩니다. 하지만 Grand Line은 항상 가로로, Red Line은 항상 세로로 그려야 한다는 고정관념에 얽매였다면, 풀지 못했겠죠. Part Zero

L-file의 제목은 지도편 입니다. Part 제목 역시 하나의 힌트였습니다.

4. 바르게 보는 4장

1) 착각

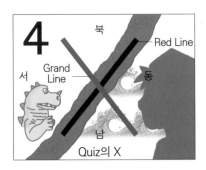

One Piece의 방위, 지도에 관한 정보는 이미 〈One Piece 3권 22화〉에서 모두 등장했었다. 이렇게 빨리 모든 정보가 공개되었지만, 대부분의 독자는 이 사실을 알지 못한다. 오히려 Grand Line은 서-동으로 되어 있다고 잘못 생각하게 된다. 왜 그럴까? 그 이유는 작가의 숨겨진 노력 때문이다. 이를 통해 작가의 대단함을 알 수 있다.

One Piece에서 Grand Line과 방위, 혹은 Red Line과 방위가 동시에 등장 하는 장면이 몇 번 있을까? 이 질문의 대답을 듣는다면, 매우 놀랄 것이다. 단 한 번이다. 〈One Piece 3권 22화〉에서 한 번 등장하고, 그 이후로는 더 이상 등장하지 않는다. Grand Line과 Red Line이 등장하는 그림에는 방위가 등장하지 않는다. 방위가 등장하는 그림에는 Grand Line과 Red Line이 등장 하지 않는다. 방위가 나오는 지도는 대부분 G.L의 섬 지도이다.

더 놀라운 사실은 따로 존재한다. 단순히 한 번만 등장했기에, 착각하게 된 것이 아니다. 방위를 착각하게 만든 결정적인 요인은 따로 있다.

Grand Line과 Red Line에 관심을 가지게 된 시기는 위대한 항로에 들어가는 〈One Piece 12권 101화〉이다. 101화에서 Grand Line의 지도가 등장한다. 지도가 등장하기 전, 루피 일행은 배가 남쪽으로 흘러가서, 캄 벨트에 들어가는 사건을 겪는다. 그 후에 위대한 항로의 지도가 등장한다. 지도에는 Grand Line은 가로로, Red Line은 세로로 그려져 있다. 무의식적으로, 지도의 위를 북쪽으로 생각하게 된다. 지도에 방위가 없으면 위를 북쪽으로 보도록 교육을 받아 왔기 때문이다. 이는 무의식적으로 일어나는 습관으로 지도의 위가 북쪽으로 생각한다. 그리고 방금 전에 일어난 사건을 떠올린다. 캄 벨트는 루피 일행으로부터 아래쪽에 있어 배가 이렇게 수직으로 흘러들어갔다고 생각한다.

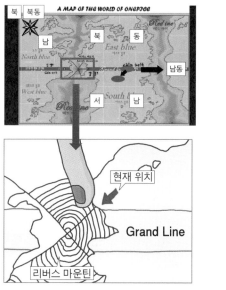

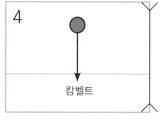

나미 : "지금 이 배는 네[조로]가 아까 말한 대로 남쪽으로 흘러왔어."
~〈One Piece 12권 101화〉

하지만 101화에서 등장한 위대한 항로의 지도에는 방위가 없다. 101화의 이미지는 위가 북동쪽인 세계지도의 일부분에 불과하다. 위가 북쪽이라는 뜻이 아니다. 오히려 위가 북동쪽이다. 단지 방위를 안 보여줬을 뿐이다. Grand Line은 서에서 동으로 가는 항로가 아니라, 북서에서 남동으로 가는 항로이다. 실제로 루피 일행의 배가 캄 벨트로 들어간 경로는 아래와 같다.

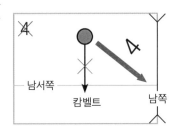

방위가 없는 위대한 항로의 지도를 보고, 무의식적으로 위가 북쪽이라고 생각한다. 그리고 방금 전에 일어난 사건에 적용해본다. 캄 벨트는 루피 일행의 아래쪽에 있다. 위를 북쪽으로 생각하므로, 아래쪽은 남쪽이다. 그래서 배가 수직으로 캄 벨트에 들어갔다고 생각한다. 이런 과정을 거쳐서 내린 결론과 나미의 대사가 일치한다고, 문제가 없다고 느낀다.

그래서 무의식적으로 결론을 낸 방위가 맞다고 생각한다. 이 모든 일은 순식간에, 무의식적으로 일어나는 사고의 과정이다. 이 과정을 거쳐, 지도의 위는 북쪽이라는 잘못된 정보를 받아들이게 된다. 이 모든 것은 사람의 심리 때문에 일어난 결과이다. 잘못된 방위를 알게 되지만 자각이 없이, 무의식적으로 이 방위를 캄 벨트 사건에 적용시켰고, 문제가 없었다. 그래서 더 이상 방위에 대해서 고민하지 않고 지도의 위는 북쪽이라고 확신한다.

그 후에 방위가 없는 지도를 보면, 위가 북쪽이라 믿으며 이렇게 생각한다.

'Grand Line은 서에서 동으로, Red Line은 북에서 남으로 되어 있구나!'

하지만 이 모든 것은 잘못된 방위, 정보에서 기인한 결론이다. Grand Line은 서에서 동으로 되어 있지 않고, 북서에서 남동으로 되어 있다.

이 모든 것이 우연일까? 필자는 그렇게 생각하지 않는다. 이 모든 것은 작가의 의도로 보인다. 방위를 착각하도록 유도하고, 이를 활용해서 비밀을 만든다. 그 비밀들이 비르카 하늘섬의 위치, 하이 웨스트의 위치, 로저의 행적으로 짐작된다.

2) Grand Line의 섬

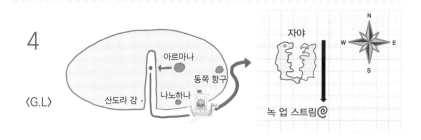

Grand Line은 서에서 동으로 되어 있다고 생각한다. 그래서 각 섬들은 이렇게 되어 있다고 생각하게 되지만, 실제로 섬들은 이렇게 되어 있지 않다.

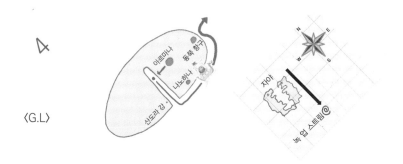

Grand Line은 북서-남동인 항로이다. 이 방위를 그대로 적용하면, 섬들은 이와 같다. 일반적으로 생각하는 모습이 아닐 것이다. 하지만 섬 지도의 방위대로 섬을 위치시키면 이와 같다. 루피 일행은 섬의 왼쪽으로 입항하고,

오른쪽으로 출항한다. 그래서 Grand Line도 서-동으로 되어 있다고 착각하게 된다. 하지만 Grand Line은 서-동으로 되어 있지 않고, 북서-남동으로 되어 있다.

3) East Blue 지도와 콘티

이 외에도 방위를 착각하도록 만든 원인이 존재한다. One Piece는 바다를 항해하는 해적들의 내용이다. 항해에는 지도가 필수적이다. 그래서 독자들은 One Piece의 세계지도를 궁금해 한다. 그리고 이런 갈증을 해소시켜 주는 East Blue의 지도가 등장한다(One Piece Blue Grand Data File 106~107page).

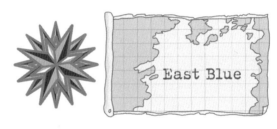

그런데 이 지도에도 방위는 등장하지 않는다. 오히려 방위 표시와 유사한 무늬가 좌측 상단에 등장한다. 일부 독자들은 이 무늬를 보고, 방위 표시로 착각한다. 이 무늬는 방위 표시가 아니고, 자세하게 살펴보면 방위가 아님을 알 수 있다.

방위 표시가 아닌 무늬를 왜 그렸을까? 일반적으로 지도 좌측 상단에 방위를 표시한다. 방위 표시는 아니지만, 비슷하게 생긴 무늬가 왜 방위가 있을 자리에 그려져 있을까? 방위를 착각하도록 유도한 것이다.

또한, 지도에 선이 그려져 있다. 이를 보고 경도와 위도라 생각하며, 지도의 위가 북쪽이라고 착각한다. 하지만 이 선은 경도와 위도도 아니다. 지도의 위는 북쪽이 아니다. 이 모든 것은 작가의 의도이다. 방위를 착각하도록 만드는 것이 목적이었다.

5. One Piece와 X

One Piece의 행성, 푸른 별의 세계지도의 모양은 'X'모양이다. 이 X무늬는 작품과 연관성이 많은 도형이다. 해적하면 생각나는 것이 보물지도이다. 보물지도에서 보물이 있는 장소는 X로 표시된다. 해적들의 깃발! 깃발에는 해골 뒤로 X무늬가 들어간다. 그 외에도 작품에서는 X무늬가 많이 사용되고 있다.

무엇보다 X는 동료의 상징이다.

One Piece L-file 4-1. 정리

Grand Line은 서-동의 항로가 아니다. 북서~남동인 항로이다.
Red Line은 북-남의 대륙이 아니다. 북동-남서인 대륙이다.
One Piece의 세계지도 모양은 'X'이다(위 = 북쪽).

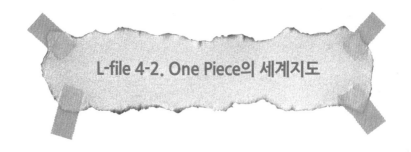

Part Zero는 지도 편이다. 지금까지 설명한 지도에 대한 단서들을 정리해 보자.

1. 올바른 방위의 증거

1) 〈One Piece 3권 22화〉의 그림

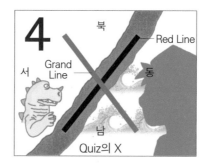

이보다 더 확실한 증거가 없다. 작품에서 공개적으로 Grand Line은 서-동으로 되어 있지 않다고 설명한다. Grand Line은 북서-남동으로 되어 있고, Red Line은 이에 수직하고 있다. 따라서 Red Line은 북동-남서이다. One Piece의 세계지도는 'X' 모양임을 알 수 있다.

2) 오하라 섬의 증거

One Piece에서 Grand Line과 방위, 혹은 Red Line과 방위가 동시에 등

장하는 장면이 몇 번 있을까? 이 질문의 대답을 듣는다면, 매우 놀랄 것이다. 단 한 번이다. 〈One Piece 3권 22화〉에서 한 번 등장하고, 그 이후로는 더 이상 등장하지 않는다. ~[L-file 4-1. 루피는 X속에 살고 있다. ~ 나미의 꿈 -1부] 中

Grand Line(Red Line)과 방위가 동시에 등장하는 장면은 〈One Piece 3권 22화〉가 유일하다. 더 이상 등장하지 않는데 이는 사실이다. 다만, 약간 변칙적인 경우에 해당되는 장면이 있다. 물론, 그 장면에서도 방위는 등장하지 않지만 방위를 알아낼 수 있다. 해당되는 장면은 오하라 섬에서 등장한 행성본이다. 〈One Piece 41권 392화〉

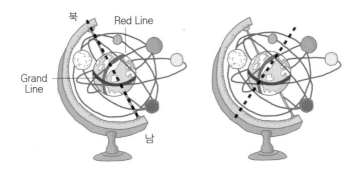

행성본 그림을 통해, 행성의 축을 알 수 있다. 축의 위는 북쪽이고 아래는 남쪽이다. 따라서 행성본에서 방위를 구할 수 있다. 행성본에서 구한 방위는 이와 같다. 행성본에서 Grand Line은 서-동으로 되어 있는가? 그렇지 않고 북서-남동으로 되어 있다. 만약 Grand Line이 서-동으로 되어 있다면, 행성축은 오른쪽 그림처럼 Red Line과 일치해야 한다. 하지만 행성축은 오른쪽 그림과 같지 않다. 따라서 기존에 알고 있던 방위가 틀렸음을 확인할 수 있다. 이는 필자의 행성본을 통해서도 확인할 수 있다.

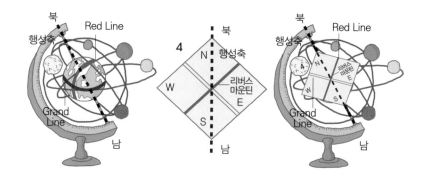

　필자의 행성본(L-file 4-1)은 〈One Piece 41권 392화〉의 오하라 행성본과 일치한다. 행성의 축(북쪽-남쪽)을 일치시키면, Red Line과 Grand Line이 정확히 일치한다. 즉, 필자의 주장대로 Grand Line은 북서-남동, Red Line은 북동-남서로 되어 있음을 확인할 수 있다.

3) 미호크의 검정색 삼각형(▲)

　오하라 행성본처럼, 확실하게 방위를 알려주는 것은 아니다. 하지만 우회적으로 방위를 알려주는 장면이 있다. 〈One Piece 6권 51화〉에서 미호크[24]는 East Blue를 언급한다. 이때, 배경으로 행성본이 등장한다. 행성본 주위에는 4개의 검정색 삼각형(▲)이 그려져 있다. 이 검정색 삼각형으로 동서남북, 방위를 나타낸 것으로 추측된다. 북쪽은 Red Line에 존재하지 않고, North Blue에 존재함을 알 수 있다. 즉, 필자가 주장하는 방위가 사실임을 확인할 수 있다.

4) 스모커의 순풍(追い風; おいかぜ)

　스모커 : "바람은 서쪽으로 불고 있다. 녀석들의 배에겐 순풍이 되겠군."~〈One Piece 11권 99화〉

---

24) 미호크 : 매눈의 미호크. 세계 제일의 검사. 조로의 목표. 칠무해의 일원.

스모커는 루피 일행을 쫓아, 로그 타운에서 Grand Line으로 간다. 스모커는 리버스 마운틴의 위치를 알고 있다. 스모커는 서쪽으로 부는 바람을 순풍(追い風, おいかぜ)이라 말한다. 바람의 방향이 항해 방향과 일치할 때, 그 바람을 가리켜, 순풍이라 한다. 바람은 서쪽으로 불고 있다. 순풍이므로 루피 일행의 항해 방향은 서쪽임을 알 수 있다. 루피 일행은 로그 타운에서 리버스 마운틴으로 갔다. 즉, '순풍'이라는 단어를 통해, 리버스 마운틴은 로그 타운의 서쪽에 위치함을 알 수 있다.

〈One Piece 12권 101화〉에서 지도가 등장한다. 지도에 방위는 없다. 기존에 생각하던 방위, 위쪽을 북쪽으로 생각한다면, 로그 타운의 남서쪽에 리버스 마운틴이 위치하게 된다. 서쪽에 있다는 스모커의 진술과 다르다. 일치하지 않는다. 즉, 지도의 위쪽이 북쪽이 아님을 알 수 있다. 이제 필자가 주장하는 방위로 생각해 보자. 필자는 위쪽이 북동쪽이라 주장했다. 그럼, 지도에서 로그타운의 서쪽에 리버스 마운틴이 위치함을 알 수 있다. 이는 스모커의 진술과 일치한다. 즉, 필자의 방위가 사실임을 확인할 수 있다. 스모커가 언급한 '순풍'이라는 단어를 통해서도, 올바른 방위를 확인할 수 있다.

5) 4개의 Blue - 동서남북

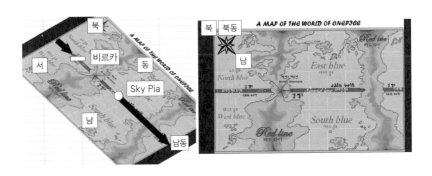

4개의 Blue 이름에는 동서남북이 들어간다. 각 Blue 이름에 일치하도록 지도를 회전시키면, 기존의 방위가 틀렸음을 알 수 있다. 이 역시 올바른 방위를 알려주는 좋은 단서다. East Blue는 동쪽에 있기에 동쪽의 바다인 것이다.

6) 비르카 하늘섬의 위치

게다츠는 다시 등장시키려고 만든 캐릭터로 보인다. 그리고 에넬에게는 반드시 다시 등장해야만 하는 이유가 있다. 비르카 하늘섬에는 숨겨진 비밀이 더 존재한다. 이런 비르카 하늘섬이 다시 등장하지 않을까? 이런 면에서 접근하면, 비르카 하늘섬은 앞으로 다루어질 장소임을 알 수 있다.

비르카 하늘섬은 먼 남동쪽에 있다. 루피 일행은 Grand Line을 벗어나지 않는다. Grand Line이 서-동으로 되어 있다면, 비르카 하늘섬은 앞으로 등장할 수가 없다. 그럼, 반대로 Grand Line이 서-동이 아니라면 어떻게 될까? 모든 문제는 해결된다. 오히려 Grand Line이 서-동이라는 생각이 틀렸음을 알 수 있다. Grand Line은 북서-남동으로 되어 있다. Grand Line을 따라 루피는 앞으로 남동쪽으로 항해한다. 그리고 비르카 하늘섬은 남동쪽에 있었다. 즉, 앞으로 비르카 하늘섬과 관계된 Episode가 전개될 것이다.

7) 하이 웨스트 - 로저의 행적

Grand Line이 서-동으로 되어 있다면, 하이 웨스트는 South Blue에는 없게 된다. 그럼, "로저는 왜 South Blue에 갔을까?" 이 의문의 답은 존재하지 않게 된다. 로저의 행적, 하이 웨스트가 등장한 이유, 이 모든 것을 연결시키는 단서가 방위이다. 하이 웨스트 역시 비르카 하늘섬과 같은 과정을 통해서, 우리가 알고 있던 방위가 틀렸음을 알려주는 단서이다.

2. One Piece의 세계지도

Part Zero 지도 편을 통해 우리는 2개의 지도('X'지도, '11'지도)를 얻었다. 두 지도는 동일한 지도일까? 이는 간단한 방법으로 확인할 수 있다. 아래의 [지도 변환 과정]을 통해, 확인할 수 있다.

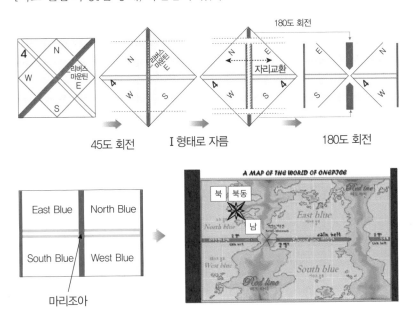

'X'지도를 45도 회전시키고 지도를 'I'형태로 자른다. 중간의 두 조각을 이동시키고 자리를 교환한다. 위의 두 조각을 180도 회전시키면 세번째 그림처럼 합쳐진다. 그럼 지도가 변환된다('川'지도). 오른쪽 일부를 잘라 왼쪽으로 이동시킨다, 그럼 '11'지도가 나타난다. 이처럼 두 지도는 똑같은 지도임을 알 수 있다. 'X'모양은 위를 북쪽으로 했을 경우이고, '11'모양은 위를 북동쪽으로 했을 때의 세계지도이다. 두 세계지도는 동일한 지도임을 확인할 수 있다(http://youtu.be/u8EIEpwCJBc의 동영상을 참조).

One Piece L-file 4-2. 정리

One Piece 세계지도는 'X'모양이다(위 = 북쪽).
단서 1. 위가 북쪽일 때의 그림 〈One Piece 3권 22화〉
단서 2. 오하라 섬의 행성본
단서 3. 행성본의 검정색 삼각형(▲)
단서 4. 로그 타운의 순풍(West)
단서 5. 4개의 Blue 이름(동서남북)
단서 6. 비르카 하늘섬의 위치
단서 7. 하이 웨스트의 위치와 로저의 행적

L-file 4-3. Do You Know One Piece Secret?

One Piece는 완전하지 않고 완벽하지도 않지만, 대단한 작품임에는 틀림이 없다. Part Zero L-file에서 밝힌 비밀만 보더라도 이를 알 수 있다.

1. One Piece의 오류

One Piece에도 오류는 존재한다. 〈One Piece 19권 175화〉의 Mr.3의 오류가 대표적인 예이다. Mr.3는 악마의 열매 능력자로, 물에 빠지면 가라앉게 된다. 그럼에도 불구하고, 알라바스타 Episode에서 Mr.3는 물위에 떠 있다. 이것은 오류이다. 〈One Piece 25권 230화 SBS〉에서 둥둥 나무[25])를 언급하면서 이를 해명하지만, 오류가 사라지는 것이 아니다. 오류를 '둥둥 나무(퀴고 나무)'라는 새로운 소재를 만들어서 해명했을 뿐이다.

> 프랑키 : "부력이 높은 '떠지무마어 나무 조각'으로 선체를 띄우는 거다."~〈One Piece 66권 653화〉

물론 이를 다시 어인섬 Episode에서 활용한다. 부력이 큰 나무(둥둥 나무)를 이용해 써니호[27)는 심해에서 수면으로 올라간다. 이에 대해 〈One Piece 66권 653화 SBS〉에서 다시 설명하고 있다. 하지만 〈One Piece 19권 175화〉

---

25) 둥둥 나무, 퀴고 나무, 떠지무마어 : 모두 같은 단어. 부력이 아주 아주 큰 나무.

의 오류 자체가 사라지는 것이 아니다. 오류를 없애기 위해 새로운 소재를 만들었을 뿐이다. 이처럼 One Piece에서는 오류가 존재한다. 이외에도 많은 오류가 존재하여, One Piece는 완벽하지도 않고 완전하지도 않다.

2. One Piece의 방위

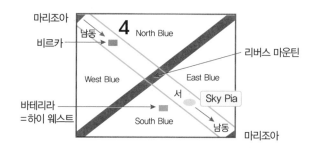

Part Zero의 핵심은 위 지도다. Sky Pia의 남동쪽에 비르카 하늘섬이 존재했었다. 즉, 비르카 하늘섬은 Grand Line의 상공에 존재했었던 하늘섬이다. 그리고 Sky Pia의 서쪽에는 하이 웨스트가 존재한다. 하이 웨스트는 South Blue의 바테리라 섬에 존재한다. [L-file 1]은 비르카 하늘섬을, [L-file 2]는 하이 웨스트를, [L-file 4]는 지도의 모양을 다루고 있다. 이를 통해, 지금까지 알고 있던 방위가 틀렸음을 알 수 있다.

이 사실이 언제 공개될까? 아마도 비르카 Episode에서 공개될 것이다. 그러면 비르카 Episode는 언제 시작할까? 정확히는 알 수 없지만, 3~5년 정도 지나서 등장할 가능성이 높다. 그전에 등장할 Episode가 예정되어 있기 때문에, 그때쯤에 비르카 Episode가 시작될 것으로 예상된다.(Sky Pia와 비르카, 두 하늘섬은 행성 반대쪽에 위치한 것으로 추정된다. 그래서 비르카 하늘섬을 "먼 남동쪽"이라고 표현한 듯하다.)

---

26) 써니호(싸우전드 써니호) : W7에서 프랑키가 건조한 배. 재질은 아담. 루피 일행의 두 번째 배이다.

올바른 방위는 〈One Piece 3권 22화〉에서 알려주었다. One Piece는 1997년에 연재를 시작한다. 즉, 3권 부분은 1998년도에 연재되었다. 1998년에 올바른 방위, 답을 공개한다. 그리고 방위를 오해하고 착각하도록 만든다. 그 착각을 2015~2017년쯤에 부순다. 무려 15~20년 동안 방위를 착각하도록 만든 뒤에, 그 착각을 부순다. 이렇게 긴 시간을 걸쳐 이를 계획하고 실행한 이가 One Piece 작가이며, 그 작품이 One Piece이다. 대단하지 않은가? 필자는 정말 대단하다고 생각한다. 여러분 생각은 어떠한가?

One Piece는 완벽하지 않고 완전하지도 않지만, 이를 덮을 수 있는 대단함이 존재한다. 그 대단함까지 부정할 수 없을 것이다. One Piece에 숨겨진 비밀을 알게 된다면, 그 대단함을 느낄 수 있을 것이다.

당신은 숨겨진 One Piece의 비밀을 아는가?
Do You Know One Piece Secret?

One Piece L-file 4-3. 정리

세계지도의 비밀은 비르카 Episode에서 밝혀질 가능성이 높다.
One Piece 작가는 세계지도의 비밀을 1998년도에 알려주었다.
그 후에 약 15년 동안 착각을 유도한다(Grand Line은 가로, Red Line은 세로, 방위는 없음). 그 착각을 비르카 Episode에서 알릴 생각인 듯하다(앞으로 3~5년 후로 추측됨).

Part Zero를 끝내며

Part Zero가 끝났습니다.

사실 Part Zero는 Part Three에 속하는 글이었습니다.

이를 따로 분리해서 하나의 Part로 만들었습니다. 그것이 Part Zero - 지도 편입니다.

Part Zero는 방위와 지도에 대해 다루고 있습니다. 중요하기는 하지만, 큰 비밀은 아니므로 가볍게 읽으시면 됩니다.

Part Zero에서 설명한 비밀은 One Piece에 숨겨진 거대한 비밀의 한 단면에 불과합니다. 숨겨진 비밀을 전부 알게 된다면, 더욱 놀라실 겁니다.

Part Zero는 L-file의 첫 번째 Part에 불과합니다. 이제부터 본격적인 L-file을 시작합니다. One Piece의 진정한 비밀은 Part One부터 시작입니다.

Part One은 고대왕국과 Grand Line, 그리고 라프텔 섬에 대한 Part입니다. 다음 Part는 Part One L-file. 2개의 퍼즐 - 고대왕국 편입니다.

Part Zero 에필로그

L : 이것이 One Piece 세계지도의 비밀이란다. 어떠니? 대단하지 않니?

D : L 선생님, 정말인가요? Red Line은 남북으로 되어 있지 않고, Grand Line은 동서로 된 것이 아닌가요? 지금도 믿기 힘들어요.

L : 음, 믿기 힘들어하는구나! 하지만 사실이란다. Red Line은 북동-남서로 되어 있고, Grand Line은 북서-남동으로 되어 있단다. 작품에서, 단 한 번도 Grand Line이 서~동으로 되어 있다고 한 적이 없단다.[27] 단지 항상 가로로 그려져 있고 방위를 보여주지 않을 뿐이지. 모든 것이 착각이란다.

D : 정말이네요. 지도랑 행성본이 등장한 장면 다 찾아봤는데, 3권 22화를 제외하면, 나머지 그림에 방위가 없어요! 정말 대단해요. 늦어도 1998년도에 계획했던 일이라니!

---

27) 원작(만화)에서 Grand Line이 서-동으로 되어있다고 한 적은 없다. 단 한 번도 없다. Grand Line이 서-동으로 되어 있다고 한 것은 원작(만화)이 아니라, Animation이다. 원작(만화)을 보면 방위를 착각하게 된다. Animation 제작팀도 마찬가지다. 방위를 착각한 상태에서 Animation을 제작한다. 그래서 Animation에서는 Grand Line이 서-동으로 되어있다고 나온다. 자세한 내용은 필자의 블로그를 참조하기 바란다.

L : 그래. 이를 위해서 지속적으로 방위가 없는 지도나 행성본을 보여주었단다. 그래서 방위를 착각하도록 만들었지. 최근에 15주년 특별 부록 〈Dive to Grand World〉[28])가 발행되었지. 여기에도 행성본이 나온단다. 하지만 여기에도 방위는 없지. Red Line은 세로로, Grand Line은 가로로 그려져 있을 뿐 방위는 없단다. 한 번 더 방위를 착각하도록 만들었지.

D : 정말 대단해요.

L : 이것은 단지 시작에 불과하단다. One Piece에는 이보다 더 엄청난 비밀이 있단다.

D : 이것보다 더 대단한 비밀이 있다고요? 정말요?

L : 그럼, 이제 다음 비밀을 알려주마. 다음 비밀은 고대왕국과 Grand Line에 대한 거란다. 그럼, 잘 들어보렴.

---

28) Dive to Grand World : 원피스 15주년 기념으로 제작된 주간 소년 점프(일본) 36, 37호의 특별 부록.

ONE PIECE
L-FILE
PART ONE.
2개의 퍼즐 - 고대왕국 편

시끄러운 주점 앞에 한 그루의 나무가 있었다. 그 나무 위로 까마귀 한 마리가 날아와 울기 시작했다.

"까악! 까~악"

그 나무 아래 세 명의 남자가 서 있었다. 한 남자는 굳은 표정으로 주점을 바라봤다. 그 남자는 입을 굳게 다물고, 여행 배낭을 짊어지며, 주점 안으로 들어갔다. 주점 안에 있던 모든 사람은 그를 바라봤다. 그는 용기를 내어 굳게 다문 입을 열었다.

"크하하하! 자네 제 정신인가? 말도 안 되는 소리를 하는군! 크크크"

사람들은 모두 그를 비웃었다. 비웃음을 뒤로 한 채, 그 남자는 술집을 나왔다. 그 남자는 나무 아래의 두 남자를 지나, 항구를 향해 떠났다. 그 남자의 이름은 알프레드 베게너였다.

'내 생각은 틀리지 않아. 대륙은 이동했다. 태초에 대륙은 하나의 대륙(판게아)이었어.'

그 남자는 대륙이동설을 주장한 베게너였다.

* 이 프롤로그는 저자의 상상에 의해, 구성된 이야기입니다.
   실제 위인의 일대기와 일치하지 않습니다.

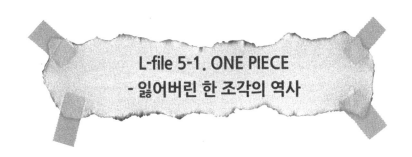

L-file 5-1. ONE PIECE
- 잃어버린 한 조각의 역사

One Piece 작품의 핵심은 ONE PIECE[1]이다. 이 ONE PIECE에 대해서 많은 가설들이 존재하지만 복잡하게 생각할 필요가 없다. 간단하게 생각하면, 자연스럽게 알 수 있는 것이 ONE PIECE이다.

1. ONE PIECE - 보물 or 자유

ONE PIECE를 보물로 알고 있는 사람들은 해적이 되었고, 그 결과 대 해적시대가 열렸다. 그럼 ONE PIECE는 보물일까? 작품에서 보물을 어떻게 다루고 있는지 살펴보자.

보물, ONE PIECE를 찾는 모험임에도 불구하고, 금전적인 보물 Episode는 고도[2], 샨도라[3], 스릴러 바크[4], 어인섬 Episode로 총 4번뿐이다. 그리고 이 Episode에서도 보물은 중심이 되지 못한다. 꿈과 우정이 중심이다. 고도에는 보물이 없었고, 어인섬의 보물은 사황, 빅맘에게 간다. 즉, 작품에

---

1) 본 도서는 One Piece(작품 제목), ONE PIECE(로저가 언급한 원피스)로 다르게 표시하고 있다.

2) 고도 : 〈One Piece 3권〉에 등장하는 East Blue의 섬. 가이몬(빈 보물상자에 끼인 아저씨)이 있는 섬이다.

3) 샨도라 : 쟈야섬에 있었던 황금의 도시로 현재는 녹-업-스트림으로 Sky Pia 하늘섬에 존재한다.

4) 스릴러 바크 : 칠무해 모리아의 섬으로 배처럼 바다 위를 떠다닌다. West Blue의 땅-기록 지침이 반응하지 않는다.

서 황금은 중요하게 다루어지지 않는다. 작품에서 황금과 보물은 이야기 진행 전개상, 등장하지만 정작 중요하게 다루어지지 않는다.

이는 One Piece의 주제인 자유를 생각하면 더욱 확실하게 알 수 있다.

아무도 갈 수 없는 곳을 갈 수 있다면, 그 사람은 자유로운 사람이다. 라프텔 섬에 아무도 가지 못하지만 해적왕은 갈 수 있다. 해적왕은 아무도 가지 못하는 라프텔 섬에 갈 수 있는 유일한 사람이다. 그래서 루피는 해적왕이 가장 자유롭다고 생각하고, 해적왕이 되고자 한다. 이는 금지된 장소마다 모험하려는 루피의 성향을 보면, 쉽게 짐작할 수 있는 사실이다. 루피에게 보물은 밥을 먹기 위한 수단(보물외상)일 뿐이다. 작품의 구성으로 볼 때에, 루피가 찾는 ONE PIECE는 단순한 보물이 아님을 알 수 있다.

"인간이 자유의 답을 찾는 한, 그것들은 절대로 멈추지 않는다." - 해적 왕 G.로저 -
드래곤 : "해적이라, 그것도 좋지."~〈One Piece 12권 100화〉

루피 : "지배 같은 거 안 해. 이 바다에서 가장 자유로운 녀석이 해적왕 이야."~〈One Piece 52권 507화〉

루피는 보물(황금)이 아니라, 자유를 추구하고 있다. 이는 루피만이 아니다. D의 의지를 계승한 로저, 드래곤, 에이스 모두 보물보다는 자유를 추구힌다. 이처럼 중요한 인물들은 하나같이 보물이 아니라, 자유를 추구하고 원한다.

One Piece의 각 Episode는 모두 비슷한 전개 양상을 보인다. 자유를 억압하는 지배 세력과 루피 일행이 싸우고, 자유를 되찾는 전개를 보인다. 모든 Episode의 전개 흐름이 유사하다. 마을의 자유를 위해 도둑이 된 나미와

Dr.호그백[5]을 비난하는 초파는 이를 노골적으로 보여주는 사례이다.

초파 : "인간이라면 더 자유로워야 해! 네가 가장 인간 취급을 안 해주고 있잖아!"~⟨One Piece 48권 468화⟩

Dr.호그백은 생명을 존엄하게 다루지 않는다. 죽은 자의 시신을 좀비로 부활시킨다. 초파는 이를 보고, 생명의 존엄함을 토론한다. 그런데 갑자기 초파는 생명의 가치와는 큰 상관이 없는 자유를 언급한다. 좀비를 만드는 행위는 생명의 존엄성을 해치는 행동으로 이는 자유와 큰 상관이 없다. 하지만 약간의 부자연스러움을 감수하면서, 자유가 언급된다. 이처럼, One Piece는 자유와 큰 관련이 없는 장면에서도 굳이 자유와 연결시킨다.

One Piece의 핵심 인물들은 모두 자유를 추구하고, 모든 Episode는 자유를 되찾는 내용이다. 또한, 약간의 부자연스러움이 있을지라도 굳이 자유와 연결된다. 이렇게 작품에서 자유를 부각시키는데, 가장 중요한 ONE PIECE는 자유와 무관할까? 그렇지 않을 것이다. ONE PIECE는 자유와 관련된 어떤 것임을 쉽게 알 수 있다.

2. ONE PIECE – 공백의 역사, 자유의 역사

ONE PIECE는 작품의 핵심이다. 따라서 ONE PIECE는 작품의 주제, 소재, 사상 등 모든 것들과 연결될 것이다. 모두와 연결되면서 자유와 관련된 것! 그것이 바로 ONE PIECE이다. ONE PIECE는 고대왕국의 역사, 자유를 추구하던 역사, 자유의 역사라고 할 수 있다. ONE PIECE가 자유의 역사라면 모든 것은 연결된다.

5) Dr.호그백 : 명의. 초파가 존경했던 의사로, 그 실체는 죽은 이를 무시하고 부활(좀비)시키는 의사이다.

과거 고대왕국은 자유를 추구했고, 천룡인과 세계정부는 자유와 반대되는 지배를 추구했다. 결국, 세계정부 때문에 고대왕국은 멸망했다. 그 뒤에 자유를 계승하는 이들이 나타났다. D일족과 오하라의 학자들! 이들은 자유를 추구하고, 자유의 역사인 고대왕국의 역사를 찾으려 한다. 반대로 천룡인과 세계정부는 자유를 없애야 하므로 이들을 저지한다. 그 과정에서 많은 일들이 일어난 것이다. 그리고 세월이 흘러, 자유의 역사인 고대왕국의 역사는 사라지지만, 로저에 의해 자유의 역사는 다시 부각된다. 로저는 대 해적시대를 연다. 그리고 루피는 자유를 찾아 떠났고 그렇게 전설은 시작된다. 사라진 한 조각(ONE PIECE)의 역사, 전체 역사 중에서 사라진 한 조각(ONE PIECE)의 역사, 그것이 자유의 역사이며, 고대왕국의 역사인 공백의 역사이다.

3. ONE PIECE는 실재한다.

2장을 통해, ONE PIECE는 자유의 역사, 고대왕국의 역사임을 설명했다. 자유의 역사인 고대왕국의 역사는 어디에 기록되어 있는가? 리오 포네그리프에 기록되어 있다. 그리고 리오 포네그리프는 라프텔 섬에 실제로 존재한다(L-file 3). ONE PIECE는 실제로 라프텔 섬에 존재한다고 할 수 있다.

로저 : "나의 보물? 이 세상 전부를 거기[라프텔 섬]에 두고 왔으니까."
~〈One Piece 1권 1화〉

에드워드 뉴게이트 : "그 보물을 누군가 찾아냈을….ONE PIECE는 실재한다."~〈One Piece 59권 576화〉

ONE PIECE가 실제로 존재한다고 주장한 로저와 흰 수염의 말은 사실임을 알 수 있다. 리오 포네그리프는 라프텔 섬에 존재하고 있다. 그리고 ONE PIECE(자유의 역사)는 리오 포네그리프에 기록되어 있다. ONE PIECE(자유의 역사)는 실제로 존재한다고 할 수 있다. ONE PIECE는 실재한다.

One Piece L-file 5-1. 정리

ONE PIECE(원피스)는 자유의 역사이다.
그 역사는 고대왕국의 역사이며, 라프텔 섬에 있는 리오 포네그리프에 역사가 기록되어 있다.
ONE PIECE는 리오 포네그리프라 할 수 있다. 즉, ONE PIECE는 실재한다.

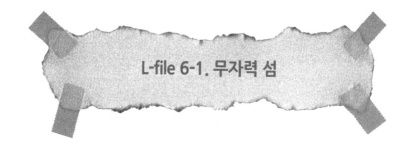

L-file 6-1. 무자력 섬

ONE PIECE는 자유의 역사, 공백의 역사이며, 고대왕국의 역사를 의미한다. 그리고 고대왕국의 단서는 Grand Line에 있다. Grand Line은 자기가 많은 섬으로 설정되어 있다. 그래서 나침반으로 항해할 수 없고 자기를 기록하는 기록지침[6]으로 항해한다. 지금까지 등장한 모든 섬들이 자기가 있었던 것이 아니고, 자기가 없는 섬들도 등장했었다. 왜 Grand Line의 다른 섬들과 다르게 자기가 없다는 설정을 두었을까? 그 이유를 찾아본다.

1. 하늘섬

루피의 기록지침은 하늘섬, Sky Pia에 기록을 빼앗긴다. 그래서 하늘섬은 자기가 있다고 생각할 수 있다. 하지만 기록지침이 반응한 것은 하늘섬이 아니라, 하늘섬으로 올라온 자야의 반쪽 땅, 어퍼 야드[7]이다. 하늘섬은 구름으로 이루어져 있는 곳으로, 대지(바스, 흙)가 없다. 대지가 없으므로, 당연히 자기도 없다.

루피 일행은 라프텔 섬으로 항해하고 있다. 라프텔 항로는 기록지침으로

---

6) 기록지침 : Grand Line 섬들의 자기 때문에 나침반을 사용할 수 없다. 자기를 기록하는 기록지침을 사용한다.

7) 어퍼 야드 : 자야의 반쪽. Sky Pia에 올라온다. Sky Pia 주민들은 이 땅을 어퍼 야드(Upper Yard)라 부른다.

항해하는 것이다. 기록지침은 자기를 기록하는 도구로, 자기가 없는 장소는 기록할 수 없다. 따라서 기록지침은 하늘섬을 가리키지 못한다. 루피 일행은 하늘섬에 갈 이유가 없으며, 하늘섬, Sky Pia에는 중요한 비밀이 존재한다. One Piece 작품에서 뺄 수 없는 비밀이 존재한다. 스토리 전개상 Sky Pia는 반드시 등장해야 한다. 그래서 Grand Line의 대지가 하늘섬으로 올라갔다는 특이한 설정을 둔다. 그것이 Sky Pia 하늘섬에 올라온 어퍼 야드이다.

2. 스릴러 바크

스릴러 바크의 핵심은 공포이다. 죽은 자의 소생, 좀비, 유령, 괴수 등

공포란 알 수 없는 것에서 느껴지는 감정이다. 스릴러 바크는 공포의 섬이다. 그런데 이전의 Grand Line 섬처럼 기록지침이 가리킨다면 두려움을 느꼈을까? 신비하게 느꼈을까? 그렇지 않을 것이다. 스릴러 바크를 기록지침이 가리키지 않는 설정이 좋다. 이제 스릴러 바크를 기록지침이 가리키지 않는다. 그래서 스릴러 바크는 Grand Line의 땅이 아닌, West Blue의 땅으로 만들어졌다고 설정된다.

3. 샤본디 제도

7개의 항로는 모두 어인섬을 거쳐, Red Line을 넘는다. 어인섬에 가기 위해서는 코팅[8]이 필요하다. 7항로로 흩어진 해적들은 모두 코팅을 하는 장소로 모이게 된다. 따라서 코팅하는 장소는 설정상 7항로에 영향을 줄 수 없어야 한다. 7항로는 기록지침으로 결정된다. 기록지침은 자기의 영향을

---

8) 코팅 : 어인섬은 수심 10,000m에 있다. 코팅을 받은 배로 수심 10,000m 아래로 내려간다.

받기 때문에, 코팅하는 장소는 자기가 없어야 한다. 그래서 코팅하는 장소는 자력이 없는 나무의 섬, 샤본디 제도로 등장한다.

이처럼 자력이 없는 섬들은 그 나름대로의 이유가 있다.

One Piece L-file 6-1. 정리

자력이 없는 설정에는 이유가 있다.

1. 하늘섬 : 대지(흙)가 없으므로 자력이 없다. – 등장시키기 위해 대지가 올라온다는 설정을 둔다.
2. 스릴러 바크 : 공포를 나타내기 위해 Grand Line이 아닌, West Blue의 땅으로 등장한다.
3. 샤본디 제도 : 7항로의 해적들이 모두 모여야 한다. 따라서 자력이 없는 장소로 설정된다.

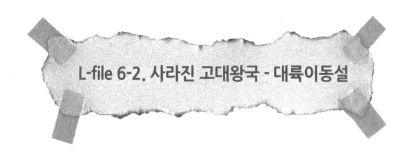

L-file 6-2. 사라진 고대왕국 - 대륙이동설

1. 고대왕국과 포네그리프 ~ Part. 포네그리프 편 참조

> 정부 요원 : "꺼림칙한 돌이군. 이런 게[포네그리프] 전 세계에 흩어져
> 있단 말이지."~⟨One Piece 41권 395화⟩

작품에서 포네그리프는 5번 등장한다. 알라바스타[9], 샨도라, 오하라[10], 어인섬, 그리고 도망치던 로빈의 과거에서 한번 더 등장한다. 포네그리프는 전 세계에 분포하고 있다. 하지만, One Piece를 본 독자라면, 포네그리프는 Grand Line과 어떻게든 연결됨을 알 수 있다. 알라바스타에는 고대병기(플루톤)가, 샨도라에도 고대병기(포세이돈)가 적혀 있다. 어인섬에는 특이한 포네그리프(사과문)가 존재한다. 이처럼 중요한 포네그리프는 Grand Line에 분포하고 있다.

> "나 이곳[Sky Pia]에 왔노라. 이 글[포네그리프]을 땅끝으로 인도한다.
> 해적 골.D.로저"~⟨One Piece 32권 301화⟩

게다가 모든 역사를 알고 있는 골.D.로저는 포네그리프가 Grand Line의

---

9) 알라바스타 : 비비의 고향. 사막의 도시. 칠무해 크로커다일(BW 사장)과 로빈이 등장한다.
10) 오하라 : 로빈의 고향. 고고학자들이 모인 섬. 버스터 콜로 사라진다.

마지막 섬, 땅끝, 라프텔 섬과 관련된다고 증언한다. 그리고 리오 포네그리프는 마지막 섬, 라프텔 섬에 있다. 라프텔 섬에 가기 위해서는 Grand Line을 항해해야 한다. 포네그리프는 Grand Line과 무관하지 않다. 어떤 식으로든 관련되어 있다.

사라진 고대왕국이 남긴 것이 포네그리프이고, 포네그리프는 Grand Line과 관련되어 있다. 우리는 포네그리프를 통해, 고대왕국과 Grand Line은 어떤 연관성이 있음을 알 수 있다.

2. 고대왕국과 악마의 열매 ~ Part. 악마의 열매 편 참조

세계정부의 과학자인 Dr. 베가펑크[11]는 악마의 열매를 연구한다. 그리고 세계정부는 이를 지원하고 있다. 또한 세계정부의 하부 조직인 해군과 CP9[12]에는 열매를 먹은 능력자들이 존재한다. 세계정부는 특정인물(CP9)에게 열매를 제공하기도 한다. 세계정부는 악마의 열매를 꺼려하지 않고 오히려 악마의 열매를 차지하려고 하고 있다.

세계정부는 악마의 열매를 차지하지 못했다. 만약 세계정부가 악마의 열매를 독점했다면, 악마의 능력자들은 세계정부 측에서만 등장했어야 했다. 하지만 세계정부가 아닌, 혁명군, 해적에도 능력자들은 존재한다. 이는 악마의 열매가 세계정부의 통제권 밖에 존재하는 힘임을 알 수 있다.

세계정부는 4개의 Blue와 Red Line을 통제하고 있다. 유일하게 통제하지 못하는 시역이 Grand Line이다. Grand Line의 전반부에서는 어느 정도 영향력을 가지고 있지만, 후반부에서는 그렇지 못하다. 후반부에서는 혁명군과 해적들이 활약하고 있다. 가장 크게 영향력을 발휘하고 있는 이들이 4명

---

11) Dr. 베가펑크 : 500년 이상 앞선 과학 기술을 보인다는 천재. 그의 정체는 아직 비공개.
12) CP9 : W7(워터 세븐)에서 등장한 세계정부의 첩보 조직. 비공식 조직. 살인을 허가받았다.

의 해적, 사황13)이다. 또한 Red Line과 4개의 Blue에 비하면 전반부의 영향력도 적은 편이다.

세계정부는 악마의 열매를 통제하지 못하고 있으며, Grand Line도 통제하지 못하고 있다. 세계정부가 통제하지 못하는 힘, 악마의 열매는 세계정부가 통제하지 못하는 지역, Grand Line의 어떤 장소에서 생성된다고 추정할 수 있어서 세계정부는 악마의 열매를 통제하지 못한다.

과거 세계정부가 통제하지 못했던 존재들이 있었는데, 그 존재들은 바로 고대왕국이다. 세계정부는 고대왕국의 고대병기를 통제하지 못하고, 악마의 열매도 통제하지 못한다. 따라서 악마의 열매도 고대병기처럼 고대왕국의 유산이라 할 수 있다.

악마의 열매, Grand Line, 고대왕국은 모두 세계정부가 통제하지 못했다는 공통점을 가졌다. 악마의 열매는 Grand Line의 어떤 장소에서 생성되어, 어떤 과정을 통해 발견된다. 그리고 악마의 열매는 고대왕국의 유산으로 추정된다. 우리는 악마의 열매를 통해, 고대왕국과 Grand Line은 어떤 연관성이 있음을 알 수 있다.

3. 고대왕국과 고대병기 ~Part. Two 참조

고대왕국에는 3가지 고대병기가 있었다. 플루톤, 포세이돈, 우라노스!

고대병기 포세이돈은 Grand Line의 어인섬에 있었다. 그리고 다른 고대병기 역시, Grand Line의 어떤 장소에 있을 거라, 쉽게 예상할 수 있다. 스토리 전개상 앞으로 고대병기는 등장할 것이다. 루피 일행은 Grand Line을 벗어나지 않는다. 따라서 Grand Line에 고대병기가 숨겨져 있어야, 앞으로 등장할 수 있다.

---

13) 사황 : Grand Line 후반부를 장악한 네 명의 해적. 흰수염(사후, 검은 수염이 공석 차지), 샹크스, 빅맘, 카이도우

고대병기는 고대왕국의 힘이다. 고대병기는 Grand Line의 어떤 장소에 있을 것으로 추정된다. 지금까지처럼, 고대병기를 통해서도 동일한 결론을 내릴 수 있다. 고대왕국과 Grand Line은 어떻게든 연결된다.

4. Grand Line

1~3장을 통해, 고대왕국과 Grand Line은 관계됨을 알 수 있었다. 이제 Grand Line에 대해서 알아보자. One Piece에 등장하는 무자력 섬에도 그 나름대로의 이유가 존재했었다(L-file 6-1). 그럼 반대로 생각해 보자. Grand Line의 섬들은 왜 자력이 있다고 설정되었을까? 자력이 없다고 설정하면, 나침반을 사용해서 항해할 수 있다. 하지만 항로가 너무 위험해 아무도 라프텔 섬에 가지 못한다고 설정하면, 아무런 문제가 없다. 굳이 왜 자력이라는 요소를 설정했을까? 그 이유는 존재해야 한다.

5. 고대왕국

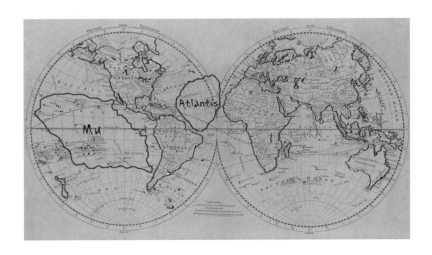

오하라 학자, 클로버[14]는 과거에 존재했던 거대한 왕국, 고대왕국을 언급한다. 과거에 거대한 왕국이 존재했으므로, 그 왕국이 있었던 거대한 영토도 존재했을 것이다. 그럼, 과거에 고대왕국이 존재했던 지역은 어디인가? 아무도 모른다. 왕국이 사라졌다고 하더라도, 존재했던 장소까지 모르는 이유는 무엇일까?

아틀란티스 대륙[15]과 뮤 대륙[16]은 현실에서 전해져 내려오는 전설의 대륙이다. 이 전설의 대륙조차 최소한 어떤 대양에 위치했다고 전해진다. 하지만, One Piece의 고대왕국이 있었던 대륙은 어디에 있었는지, 아무도 모른다. 사라진 고대왕국이 존재했던 대륙은 어디에 있을까?

6. 고대왕국과 Grand Line

포네그리프, 리오 포네그리프, 악마의 열매, 고대병기를 통해, 고대왕국과 Grand Line은 어떻게든 연결됨을 알 수 있다. 그리고 Grand Line 섬들에 자력이라는 요소를 설정한 이유를 찾아야 한다. 또한, 사라진 고대왕국이 존재했던 대륙을 찾아야 한다. 이 모든 의문점을 풀어줄 해답은 Grand Line의 7항로에 있다.

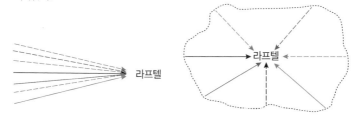

---

14) 클로버 : 오하라 섬 고고학자의 대표자로 공백의 100년에 대한 가설을 말한다.

15) 아틀란티스 대륙 : 철학자 플라톤이 주장했던 전설의 대륙으로 대서양에 존재했다고 전해진다.

16) 뮤 대륙 : 영국의 제임스 처치워드(James Churchward)가 주장한 전설의 대륙으로 태평양에 존재했다고 전해진다.

라프텔 7항로는 각각의 섬(첫 번째 섬)에서 시작해서, 라프텔 섬(끝 섬)에 도착하면 끝난다. 7항로는 첫 섬이 시작점이고, 라프텔 섬이 끝점인 하나의 선이다. 이 항로는 모두 7개로 오른쪽처럼 회전시킨 후에 7항로의 끝을 모두 연결하면, 가상의 도형이 나온다. 7항로는 Grand Line 섬을 항해하는 항로이다. 따라서 가상의 도형은 Grand Line 섬들이 모인 대륙이다. Grand Line 섬들이 모두 합치면, 숨겨진 대륙을 나타낸다.

고대왕국이 존재했던 대륙이 어디에 있는지 아무도 모른다. 그리고 7항로를 활용해 숨겨진 대륙을 찾았다. 숨겨진 대륙은 무엇일까? 과거 이 대륙에 있었던 나라는 어떤 나라일까? 그 나라는 바로 고대왕국이다. 고대왕국의 대륙은 나누어져, Grand Line의 섬이 되었던 것이다.

7. 대륙이동설

필자가 주장하는 가설이 대륙이동설이다.

고대왕국 대륙이 이동하며 나누어지고, 결국에는 Grand Line 섬이 되었다는 가설이다. 고대왕국 대륙이 사라졌으므로, 아무도 그 대륙이 어디에 있는지 모른다. 조금 더 자세하게 대륙이동설을 설명하도록 한다.

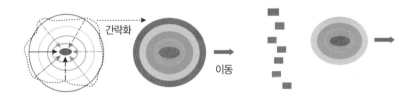

고대왕국의 대륙이 이동한다. 이동하는 충격에 대륙의 일부는 떨어져 나간다. 충격에 가장 심하게 노출되는 지역은 고대왕국의 바깥 지역이다. 따라서 가장 먼저 떨어지는 부분은 바깥 지역(검은 부분)이 된다. 고대왕국은 멈추지 않았고 바깥 지역이 떨어지는 와중에도 계속 이동하고 있다.

다음으로 떨어지는 지역도 남은 부분에서 바깥 지역(녹색 부분)이다. 고대왕국은 아직도 이동 중이다. 이동하며, 대륙의 바깥 지역이 떨어져 나간다. 이 과정을 계속 반복한다. 그 결과 오른쪽처럼 바깥 지역일수록 먼저 떨어지고, 안쪽 지역일수록 나중에 떨어진다. 그림과 같이 분포하게 된다. 이렇게 고대왕국은 나누어진다.

크로커스 : "위대한 항로에 흩어져 있는 섬들은 <u>어떤 법칙</u>에 따라, 자기를 띠고 있지." ~ ⟨One Piece 12권 105화⟩

Grand Line 후반부일수록, 고대왕국의 안쪽 지역이다. Grand Line은 이런 위치적 법칙을 가지고 있다. 크로커스가 말한 법칙은 이와 관련된다. 이제 기록지침은 어떤 원리를 활용해 떨어진 고대왕국의 영토를 가리킨다. 그렇게 생긴 7개의 항로가 라프텔 섬으로 가는 7항로인 것이다.

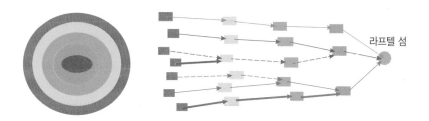

가장 처음에 있는 섬들은 고대왕국의 가장 바깥 지역이고, 가장 마지막에 있는 라프텔 섬은 고대왕국의 중심부이다. Grand Line의 7항로는 고대왕국

의 바깥 지역에서 안쪽 지역으로 항해하는 항로이다. 이를 가능하게 한 것이 기록지침이다. Grand Line의 섬, 자력이 있는 섬들은 모두 하나의 대륙이었으며, 그 대륙에 있었던 나라가 고대왕국인 것이다. Grand Line의 섬들은 과거, 고대왕국의 영토였다.

포네그리프, 악마의 열매, 고대병기, 리오 포네그리프는 고대왕국과 연결된다. 그리고 이것들은 Grand Line과 연결된다. 그 이유는 Grand Line이 고대왕국의 영토였기 때문이다. 리오 포네그리프는 고대왕국의 중심부(라프텔 섬)에 있는 것이고, 고대왕국의 국민들이 살았던 Grand Line의 어떤 장소에서 악마의 열매가 생성되어, 어떤 과정을 통해, 발견되는 것이다. 그리고 고대병기는 고대왕국의 영토인 Grand Line의 어떤 장소에 숨겨져 있는 것이다. 고대왕국의 대륙이 자력을 가졌으므로, 나누어진 Grand Line의 섬들도 자력을 가지게 된다. 그래서 Grand Line의 섬들은 자기를 가진 것으로 설정된다.

앞으로 추가적으로 대륙이동설의 증거를 제시하도록 하자. 고대왕국의 대륙이 이동했고, Grand Line의 섬이 되었다는 가설, 대륙이동설의 증거는 더 존재한다.

고대왕국의 대륙은 자기가 있었다. 고대왕국의 대륙이 이동하게 되며, 나누어지게 된다.

그렇게 생긴 섬이 Grand Line의 섬이고, 이동한 경로가 Grand Line이다.

Grand Line의 섬이 자기를 가진 이유는 고대왕국의 땅이 자기가 있었기 때문이다.

포네그리프, 리오포네그프, 고대병기, 악마의 열매가 Grand Line과 연관되는 것은 Grand Line이 고대왕국의 영토이기 때문이다.

Grand Line은 고대왕국의 바깥 지역에서 안쪽 지역으로 분포한다(위치적 법칙).

이를 활용한 것이 기록지침이다.

다른 Part

이번 L-file에서 악마의 열매, 포네그리프, 기록지침의 원리, 고대병기에 관해서 언급만 하고 있다. 해당되는 Part에서 자세히 설명하도록 한다. 기록지침의 원리는 Part One에서 설명하고 있다. 하지만 다른 것들은 Part One에서 다루고 있지 않다. 각각의 Part를 참조하기 바란다.

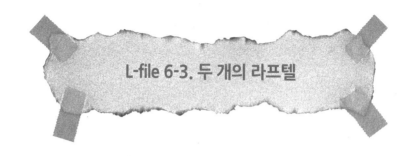

L-file 6-3. 두 개의 라프텔

클로버 : "모든 것의 열쇠를 쥔 고대에 융성했던 그 왕국의 이름은…"
오로성 : [급하게 명령을 내림.] "제거하라."~〈One Piece 41권 395화〉

오하라 Episode에서 클로버는 고대왕국의 이름을 말하려 한다. 그 전까지 가만히 듣고 있던 오로성[17]은 갑자기 클로버를 제거하라 명령한다. 고대왕국의 이름은 무엇일까? 오로성은 왜 고대왕국의 이름을 밝히는 것을 시급하게 막은 것일까?

1. 두 개의 라프텔

필자는 고대왕국의 이름이 '라프텔'이라 생각한다. Grand Line은 고대왕국의 영토이다(L-file 6-2). 그리고 Grand Line의 마지막 섬을 라프텔 섬이라 부른다. 이렇게 두 개의 라프텔이 존재한다. 고대왕국의 이름은 라프텔이고, Grand Line의 마지막 섬의 이름도 라프텔이다.

---

17) 오로성 : 세계정부의 최고 권력 조직. 5명의 노인. 그 출신은 불명.

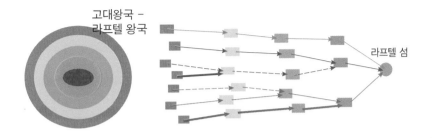

고대왕국 –
라프텔 왕국

라프텔 섬

　고대왕국, 라프텔 왕국은 이동함으로써 사라진다. 그래서 Grand Line이 생긴다. 세계정부는 고대왕국의 존재를 지웠다. 세월이 흘러 사람들은 라프텔 고대왕국을 잊는다. 라프텔이라는 국가가 있었는지조차 잊는다. 하지만 라프텔이라는 이름만은 기억 저편에 남게 된다. 고대왕국의 존재를 모르므로, 라프텔이 무엇을 의미하는지 모를 뿐이다. Grand Line의 마지막 섬은 아무도 가지 못한 섬이고, 있는지 없는지도 모르는 섬이다. 로저가 도착함으로써 있다는 사실이 증명되었다. 로저가 도착하기 전까지는 있는지 없는지 아무도 몰랐다. 라프텔이 무엇인지 모르고, G.L의 마지막 섬은 있는지 없는지 모른다. 이렇게 둘은 비슷하다. 비슷한 두 개의 대상을 연결한다. 있는지 없는지 모르는 섬을 라프텔 섬이라 부르기 시작한다. 그렇게 두 개의 라프텔이 존재하게 된다.

　어떤 의도에 의해, 고대왕국의 중심부였던 장소가 라프텔(고대왕국의 이름)로 부르게 된 것이 아니라 우연스럽게 일어난 일이다. 결국에는 똑같은 이름을 가지게 된다. 그 곳에는 가장 중요한 리오 포네그리프가 있다. 그래서 오로성은 고대왕국의 이름(라프텔)이 공개되는 것을 막은 것이다. 고대왕국의 이름이 라프텔이고, Grand Line의 마지막 섬은 라프텔 섬이다. 따라서 고대왕국과 라프텔 섬은 관계가 있다는 것을 쉽게 알 수 있다. 그리고 사람들은 세계정부가 왜 로저를 처형했는지 알게 된다. 고대왕국과 관계된 라프텔 섬에 로저가 갔기에 처형되었다. 고대왕국의 이름을 알게 된 사람들은 더욱 더 Grand Line의 마지막 섬, 라프텔 섬에 주목하게 될 것이다.

세계정부에게 이 모든 일은 바람직하지 못하다. 그래서 클로버가 공백의 100년에 대한 가설을 말할 때에는 가만히 있다가, 고대왕국의 이름을 밝히려고 하자 급히 막는다. 세계정부는 고대왕국의 이름, 라프텔이 공개되는 것을 막은 것이다.

2. 복선의 라프텔

라프텔이라는 단어는 떠도는 뗏목, 부목을 의미한다.

Grand Line의 마지막 섬의 이름이 라프텔인 이유는 무엇일까? 그 이유는 고대왕국의 이름이 라프텔이기 때문이다. 그럼, 고대왕국의 이름은 왜 라프텔인 것일까? 그 이유는 고대왕국이 떠도는 뗏목처럼 이동했기 때문이다. 필자의 대륙이동설은 고대왕국이 이동하며, 나누어졌다고 설명하고 있다. 마치 뗏목이 바다 위를 이동한 것처럼, 고대왕국이 바다 위를 이동한 것이다. 이런 이유로, 작가는 고대왕국의 이름을 라프텔로 정했다고 본다. 고대왕국의 이름, 라프텔은 대륙이동설을 암시하는 하나의 복선으로 보인다.

라프텔 : 1. Grand Line의 마지막 섬

      2. 고대왕국의 이름

라프텔 = 부목 : 고대왕국이 부목(떠도는 뗏목)처럼, 바다 위를 떠돌았다(대륙이동설).

라프텔의 비밀

라프텔이라는 단어는 떠도는 뗏목, 부목을 의미한다. 그래서 마지막 섬, 라프텔 섬이 바다 위를 떠돈다고 생각하기 쉽다. 혹은 하늘을 떠도는 하늘섬이라 생각한다. 하지만 라프텔 섬은 떠돌지 않는다. 라프텔 섬에 관한 설명은 [L-file 10-1. 라프텔 딜레마 -1부 아무도 가지 못한다]에서 설명하기로 하자.

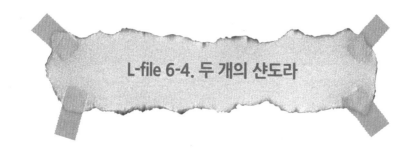

L-file 6-4. 두 개의 샨도라

샨도라(シャンドラ)! 샨도라는 Sky Pia에서 등장하는 지명이다. 황금이 있었던 도시. 포네그리프를 지키기 위해 끝까지 싸웠던 전사들의 도시! 황금의 도시! 그 도시가 샨도라 도시이다. 그런데 샨도라와 유사한 지명이 알라바스타에서도 등장했었다.

> 비비 : "이 커다란 강인 산도라 강(サンドラ)을 건너 여기에 상륙한 거야."~〈One Piece 18권 161화〉

> 나미 : "비비, 12시간 유예를 줄게. 우린 산도라 강(サンドラ)에서 배를 되찾으면……"~〈One Piece 23권 214화〉

알라바스타의 산도라 강은 식수를 공급하는 강이다. 최근에는 그 힘을 잃고, 하류부터 바다에 침식당하고 있다. 그 여파로 알라바스타는 식수가 부족하게 된다. 어쨌든 알라바스타에 산도라 강이 태초부터 있었다고 한다. 그리고 자야에는 샨도라 도시가 있다. 두 지명은 발음상 매우 유사하다. 즉, 두 개의 샨도라(산도라)[18]가 존재하는 것이다. 어떻게 된 것일까? 이것을 단순한 우연이라고 봐야 할까? 단순한 우연이라고 보기 힘들다.

필자의 대륙이동설에서 그 해답을 찾을 수 있다.

[18) 샨도라(シャンドラ) 도시와 산도라(サンドラ) 강 :표기상 다르다. 하지만 발음상 유사하다. 필자는 이 두 단어의 어원이 동일한 샨도라(シャンドラ)로 보고 있다.

1. 샨도라 도시와 산도라 강

라프텔 고대왕국의 대륙이 이동하게 된다. 바깥 지역부터 먼저 떨어지게 되고, 안쪽 지역일수록 늦게 떨어지게 된다. 두 섬이 Grand Line에서 가까이에 위치할수록, 대륙이 나누어지기 전에, 서로 가까이 위치했다는 뜻이 된다.

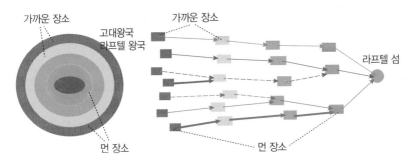

알라바스타를 출항한 루피 일행은 곧바로 자야에 간다. 알라바스타와 자야는 Grand Line에서 가까이에 위치하고 있다. Grand Line이 생기기 전, 고대왕국 대륙이 나누어지기 전, 알라바스타에 해당되는 지역과 자야에 해당되는 지역은 가까이 존재했음을 알 수 있다. 고대왕국 시절에 샨도라 도시는 번성했고, 산도라 강은 존재했음을 알 수 있다. 그 후에 고대왕국의 대륙은 이동하면서 나누어지게 된다. 그래서 샨도라 도시는 자야섬에, 산도라 강은 알라바스타 섬[19])에 위치하게 된다.

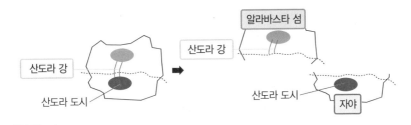

19) 알라바스타 섬 : 정확한 이름은 선디 섬이다. 다만, 이해가 쉽게 되는 명칭(알라바스타 섬)을 사용한다.

이러한 일은 이미 작품에서 암시되어 있다. 루피 일행은 자야에서 몽블랑 크리켓20)의 반쪽만 있는 집을 보게 된다. 그 후에 Sky Pia로 가고 Sky Pia의 어퍼 야드에서 남은 반쪽의 집을 또 다시 보게 된다. 이를 보고 나미는 어퍼 야드는 과거 자야의 땅이었음을 알게 된다. 자야에서 사라진 황금의 도시는 하늘섬 Sky Pia로 올라왔음을 알게 된다.

이와 마찬가지이다. 과거 산도라 강은 샨도라 도시와 연결되어 있던 강이었지만 대륙 이동 후에 이는 나누어진다. 한 개의 샨도라(도시)는 자야섬에 남게 되고, 또 다른 한 개의 산도라(강)는 알라바스타 섬에 남게 된다. 마치 녹-업-스트림21)으로 집이 반쪽으로 나누어지듯이 나누어진 것이다.(아래의 그림에서 붉은 사각형은 크리켓이 살던 집, 파란 원은 샨도라 도시, 파란 선은 산도라 강을 의미한다.)

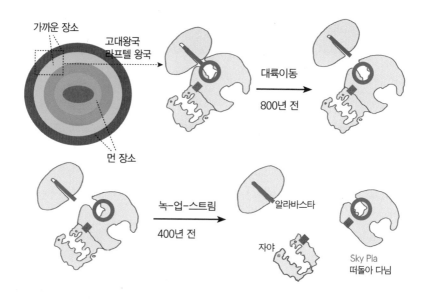

---

20) 몽블랑 크리켓 : 몽블랑 노랜드의 후손으로 거짓말쟁이 선조와 결판내기 위해 황금의 도시를 찾는다.

21) 녹-업-스트림 : 수직으로 상승하는 괴물 해류. 루피 일행은 이 해류를 타고 Sky Pia로 올라간다.

과거에 고대왕국이 멸망하기 전, 고대왕국에는 샨도라 도시와 산도라 강이 존재했었다. 고대왕국은 대륙이동하게 된다. 바깥 지역이 먼저 떨어져 나간다. 그래서 산도라 강이 먼저 떨어져서 훗날 알라바스타 섬이 된다. 그후에 샨도라 도시가 떨어지면서 훗날 자야섬이 된다. 이렇게 두 샨도라는 나누어지게 된다. 또 다시 400년 전, 자야는 녹-업-스트림으로 나누어지게 된다. 한쪽은 청해에 남게 되고, 한쪽은 하늘섬, Sky Pia로 올라가게 된다. 샨도라 도시는 Sky Pia의 어퍼 야드가 된다. 결국, 산도라 강은 청해의 알라바스타에 존재하게 되고, 샨도라 도시는 Sky Pia의 어퍼 야드에 존재하게 된다.

2. 샨도라 VS 산도라

산도라와 샨도라, 샨도라와 산도라! 발음상 비슷하지만, 서로 다른 형태가 된 이유는 지명의 특성 때문이다. 흔히 지명은 세월이 흘러가면서, 부르기 편한 형태로 변하는 특성을 지녔다.

> '하늘을 나는 섬' 혹은 '떠다니는 섬'이라고 지금은 쓰이지 않는 말이지만 '랖'은 '높다'라는 의미를 가지고 있으며 '운타'는 '총독'을 가리킨다고 하였다. 이 두 단어의 합성어인 '라푼타'가 변해서 '라푸타'로 되었다는 것이다. - 〈걸리버 여행기〉中

〈걸리버 여행기〉에서, '라푼타' 지명은 세월이 흘러, 부르기 편한 형태로 변한다. 그래서 '라푸타'라고 불린다. 이처럼 지명은 발음하기 편한 방식으로 변한다. 이와 동일한 일이 One Piece에서도 일어난 것이다. 고대왕국이 나누어지기 전, 도시와 강을 부르는 지명은 동일했지만, 대륙이 나누어지면서 부르기 편한 방식으로 지명이 변한다. 그래서 자야에서는 도시를 '샨도

라(シャンドラ)'라고 부르고, 알라바스타에서는 강을 '산도라(サンドラ)'라고 부르는 것이다. 그래서 두 지명의 발음이 유사하지만, 표기가 다른 것이다.

또, 달라진 원인은 알라바스타의 역사에서 찾아볼 수 있다.

> 로빈 : "카하라에 의한 알라바스타의 정복 ……. 260년 동안 테이머의 비테인 왕조 지배."~〈One Piece 22권 203화〉

과거에 알라바스타는 정복되어 260년 동안 타인의 지배를 받았다. 그 과정에서 강의 지명을 잃어버렸을 가능성이 높다. 반대로 자야는 산도라 도시가 멸망했지만, 타인의 지배를 받지않았다. 자야는 선조들의 역사를 긍지로 여기고 있다. 따라서 기존의 명칭이 달라질 가능성은 낮다. 즉, 자야의 명칭(샨도라 : シャンドラ)이 본래의 이름이라 할 수 있다.

과거 라프텔 고대왕국에는 황금의 도시가 존재했었다. 그 도시의 이름은 샨도라 도시였고 그 도시로 흐르는 강이 하나 존재했는데, 그 강의 이름이 샨도라 강이다. 800년 전 고대왕국은 대륙이동으로 나누어지면서 두 개의 샨도라도 나누어진다. 샨도라 도시가 있는 지역은 자야섬으로, 샨도라 강이 있는 지역은 알라바스타 섬이 된다. 하지만 알라바스타 왕국은 침략을 당하며 정복된다. 그 과정에서 강의 이름을 잊어버린다. 그래서 기존의 명칭(샨도라 : シャンドラ)과 유사한 명칭(산도라 : サンドラ)을 사용하게 되면서, 발음이 비슷한 산도라 강이라는 지명이 생긴다. 이렇게 두 개의 샨도라는 나누어지고, 샨도라 상은 산도라 강이 된다.

3. 대륙이동설의 근거

알라바스타 섬에 산도라 강이 있고, 어퍼 야드에 샨도라 도시가 있는 것은 대륙이동실을 지지하는 근거가 된다. 처음부터 자야섬(어퍼 야드)과 알라바스타 섬은 서로 붙어 있었다고 할 수 있다. 나중에 이 섬이 나누어진 것이다. 그 원인이 바로 대륙이동설이다. 이는 두 섬만 해당되지 않는다. 자기를 지닌 Grand Line의 모든 섬들이 예전에 붙어 있었던 하나의 대륙이었다. 이렇게 붙은 거대한 대륙이 존재했고, 그 대륙에 존재했던 한 왕국이 있었다. 그 왕국이 고대왕국, 라프텔 왕국이었다.

One Piece L-file 6-4. 정리

과거 고대왕국에는 샨도라 도시가 있었다. 그 도시로 흐르는 강의 이름은 샨도라 강이었다.

대륙이동을 하며, 샨도라 도시는 자야섬이 된다. 샨도라 강은 알라바스타 섬이 된다.

알라바스타는 침략을 당한다. 그 과정에서 샨도라 강을 산도라 강으로 부르게 된다.

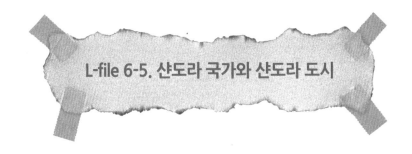

L-file 6-5. 샨도라 국가와 샨도라 도시

로빈 : "샨도라! 그것이 고대도시의 이름 ······ 멸망한 것은 800년 전!!"

~〈One Piece 28권 261화〉

샨도라는 황금의 도시의 이름으로 도시 국가가 아니다. 그리고 자야는 섬의 이름이지, 국가의 이름이 아니다. 여기서 하나의 의문을 가져야 한다. 왜 샨도라는 국가가 아닌 것일까? 왜 국가가 아닌 도시일까? 샨도라가 도시의 이름이라면, 샨도라 도시가 속한 나라는 무엇인가? 왜 그 국가의 이름은 등장하지 않는가? 그 해답 역시 대륙이동설에 존재한다.

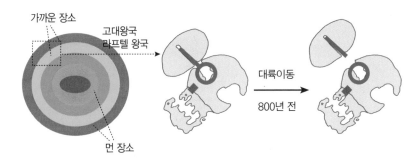

샨도라 도시는 라프텔 고대왕국의 한 도시였을 뿐이지, 국가가 아니었다. 800년 전 대륙이동으로 샨도라 도시는 고대왕국의 영토에서 떨어진다. 훗날 떨어진 땅은 자야섬이 된다. 과거에는 고대왕국의 한 도시였고 현재는 자야섬에 존재하는 도시가 된다. 샨도라 도시가 속한 국가의 이름은 라프텔 고대왕국이다. 이렇게 된 원인은 무엇인가? 바로 고대왕국이 대륙이동을 통해 멸망했기 때문이다. 샨도라가 국가의 이름이 아니라, 도시의 이름이며, 샨도라가 속한 국가는 등장하지 않는다. 이 모든 사실은 대륙이동설을 지지하는 근거가 된다.

One Piece L-file 6-5. 정리

샨도라는 도시의 이름이다.
샨도라 도시가 속한 국가는 라프텔 고대왕국이다.

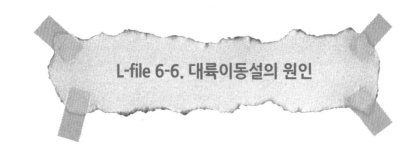

L-file 6-6. 대륙이동설의 원인

고대왕국 –
라프텔 왕국

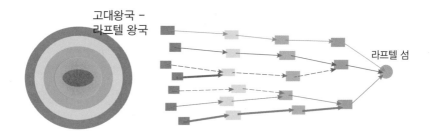

라프텔 섬

고대왕국 라프텔은 대륙이동을 하게 된다. 그 결과 대륙은 쪼개어지고, Grand Line의 섬이 되었다. 그럼 무엇 때문에 이동하게 되었을까?

크로커다일 : "플루톤! 한 발만 쏘면, 섬 하나를 흔적도 없이 날려버린다는 ……" ~〈One Piece 21권 193화〉

크로커다일은 고대병기 플루톤이 섬 하나를 날려버리는 위력을 가졌다고 말한다. 그리고 어인섬에서 포세이돈이 공개된다. 포세이돈은 강력한 해왕류를 부를 수 있는 인어를 의미한다. 고대병기는 상식을 초월하는 파괴력을 가지고 있다. 고대왕국이 있었던 대륙이 어떤 힘에 의해서 이동했을까? 이러한 결과는 상식을 초월한다. 이런 결과를 만들어낸 것은 고대병기로 추정할 수 있다.

고대병기는 플루톤, 포세이돈, 우라노스로 세 가지가 존재한다. 포세이돈은 공개가 되었으므로 제외하면, 라프텔 고대왕국을 이동시킨 원인은 플루톤이거나 우라노스가 된다.

고대병기 플루톤은 섬 하나를 날려버렸다. 어쩌면 섬뿐만이 아니라, 대륙까지 이동시킬 수 있을지도 모른다. 혹은 플루톤이 아니라 공개되지 않은 우라노스일 수도 있다. 우라노스가 고대왕국을 이동시켰을지도 모른다. 아니면 다수의 고대병기에 의한 합작일 수도 있다.

One Piece L-file 6-6. 정리

라프텔 고대왕국이 대륙이동함으로써 멸망했다. 대륙이동의 원인은 고대병기이다.

대륙 이동의 원인은 어떤 고대병기?

플루톤과 우라노스! 우라노스와 플루톤! 어떤 고대병기가 고대왕국을 이동시켰다. 혹은 합작일 수도 있다.

이 고대병기는 무엇일까? 이에 대한 대답은 [Part Two L-file. 플루톤 -1부 정체], [Part Two L-file. 우라노스], [Part Two L-file. 고대병기 -1, 2부]에서 설명하도록 한다.

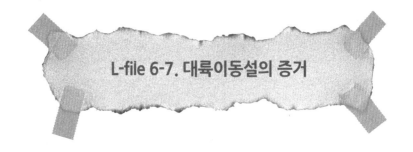

L-file 6-7. 대륙이동설의 증거

먼저 이전 L-file에서 언급된 증거들을 정리하고, 추가적인 증거를 알아조자.

① 포네그리프 – 고대왕국의 영토인 Grand Line과 관련되어 있다.

② 리오 포네그리프 – 고대왕국의 중심부였던 지역(라프텔 섬)에 위치하고 있다.

③ 악마의 열매 – 고대왕국의 영토였던 Grand Line의 어떤 장소에서 생성된다.

④ 고대병기 – 고대왕국의 영토였던 Grand Line의 어떤 섬에 숨겨져 있다.

⑤ Grand Line의 섬들은 모두 자기를 가졌다. – 원래 하나의 대륙이었기 때문이다.

⑥ 아무도 고대왕국이 존재했던 장소를 모른다. – 대륙이 사라졌기 때문이다.

⑦ 라프텔(부목) – 부목처럼 고대왕국은 바다 위를 이동했다(복선).

⑧ 샨도라&산도라 – 샨도라 도시와 산도라 강은 대륙 이동으로 다른 섬으로 분리되었다.

⑨ 샨도라 국가(×) 도시(○) – 라프텔 고대왕국의 도시 중 하나였기 때문이다.

⑩ 기록지침 – Grand Line의 섬 ~ [L-file 8-7. 기록지침과 Grand Line 섬] 참조

위스키 리틀   드럼 섬
피크   가든

필자의 대륙이동설은 고대왕국 대륙이 이동하면서 나누어졌다고 주장하는 가설이다. 고대왕국의 영토는 해저 면에 그대로 떨어져, 놓여있다는 가설이다. 마치 바둑판 위의 바둑알처럼 존재하고 있다고 주장하고 있다. Grand Line의 섬들은 해저와 연결되어 있지 않았으며, 끊어져 있다? 실제로는 어떨까? Grand Line의 섬들은 어떤 형태로 존재하는 것일까? 그 해답은 기록지침을 통해 알 수 있다.

> 롱 링 롱 랜드의 톤지토 : "기록을 모은다 해도 기록지침은 옆 섬을 가리키지 않는다네. 열개의 섬은 원래 하나의 섬이니까."~〈One Piece 32권 305화〉

롱 링 롱 랜드는 바다 밑으로 연결된 하나의 섬이다. 그래서 기록지침은 옆 섬을 가리키지 않고, 10개의 섬을 '하나의 섬'으로 취급하고 있다.

자야와 Sky Pia(어퍼 야드)는 롱 링 롱 랜드와 반대되는 섬이다. 자야와 Sky Pia는 과거 하나의 섬이었지만 400년 전 녹-업-스트림으로 두 개의 섬으로 나누어진다. 이제 기록지침은 나누어진 두 섬을 다른 섬으로 취급한다. Sky Pia에 올라간 자야(어퍼 야드)에 기록을 빼앗기지만, 그 지침은 청해의 자야를 가리키지 않는다. 기록지침은 두 섬을 다른 섬으로 취급하고 있다.

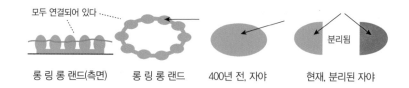

모두 연결되어 있다 ┄┄┄

롱 링 롱 랜드(측면)　　　롱 링 롱 랜드　　　400년 전, 자야　　　현재, 분리된 자야

분리됨

　　그 이유는 무엇일까? 기록지침은 왜 10개의 롱 링 롱 랜드 섬을 하나의 섬으로 취급하고, 자야와 Sky Pia(어퍼 야드)를 두 개의 섬으로 취급하는 것일까? 그 이유는 연결의 유무 때문이다. 롱 링 롱 랜드 섬은 연결되어 있고, 자야와 Sky Pia는 연결되어 있지 않고 끊어져 있다. 그래서 기록지침이 다르게 반응하는 것이다.

　　연결되어 있으면, 기록지침은 하나의 섬으로 간주한다. - 10개의 롱 링 롱 랜드 섬

　　반대로 끊어져 있으면, 기록지침은 다른 섬으로 간주한다. - 2개의 자야 (청해, 하늘섬)

위스키　리틀　드럼 섬　　　위스키　리틀　드럼 섬
피크　가든　　　　　　　　피크　가든

　　그럼, Grand Line의 다른 섬들은 어떨까?

　　기록지침은 Grand Line 섬들을 모두 다른 섬으로 간주한다. 하나의 섬으로 인식하지 않는다. 왼쪽처럼 Grand Line의 섬들이 해저로 연결되었다면, 기록지침은 이 섬들을 롱 링 롱 랜드처럼 하나의 섬으로 간주해야 한다. 하지만 기록지침은 Grand Line의 섬들을 하나의 섬으로 간주하지 않는다. 따라서 Grand Line의 섬들은 왼쪽처럼 존재하지 않음을 알 수 있다.

　　모든 섬들이 해저로 연결되어 있지 않다면, 기록지침은 어떻게 반응할까? 기록지침은 모든 섬들을 다른 섬으로 간주하게 된다. Grand Line의 섬

들은 두 번째 그림처럼 존재함을 알 수 있다. 이는 대륙이동설이 주장하고 있는 Grand Line의 모습과 일치한다. 고대왕국 대륙은 이동하면서 쪼개져, Grand Line의 섬이 된다. 떨어진 땅들은 서로 끊어지고 해저판 위에 떨어진다. 이것은 해저판 위에 위치할 뿐이지, 해저판과 연결된 것이 아니다. 이렇게 Grand Line 섬들은 부자연스럽게 분포하고 있고 기록지침을 통해, 이를 확인할 수 있다.

⑪ 해저판과 분리된 어인섬

〈One Piece 62권 607화〉에서 어인섬이 공개된다. 어인섬은 해저판과 연결되어 있지 않고 떠 있다. Grand Line 섬들도 마찬가지이다. Grand Line의 섬들은 해저판과 연결되어 있지 않다. 단지, 해저판 위에 놓여있을 뿐이다. 어인섬은 쪼개진 고대왕국의 영토가 심해로 굴러 떨어져 생긴 섬으로, 대륙이동설을 통해서 설명할 수 있다.

어인섬은 해저판 위에 떠 있고, 다른 Grand Line의 섬들은 해저판 위에 놓여있을 뿐이다. 모두 해저판과 연결된 것이 아니다. 이런 부자연스러움을 대륙이동설은 충분히 설명할 수 있다.

⑫ W7[22](워터 세븐)의 아이스버그의 꿈

워터 세븐은 조금씩 바다에 잠기고 있는 섬이다. 그래서 아이스버그[23]는 섬을 띄우려 한다. 섬을 띄우고 싶다면, 가장 먼저 해야 할 일이 섬을 해저판에서 떼어내는 것이다. 거인족이라면 가능할지도 모른다. 하지만 거인족인 아닌 아이스버그는 이를 할 수 없다.

처음부터 워터 세븐 섬이 해저판과 연결되어 있지 않다면, 아이스버그의 꿈은 실현될 수 있다. 아이스버그의 꿈은 워터 세븐 섬이 처음부터 해저판과 연결되어 있지 않았음을 간접적으로 보여주는 단서이다.

⑬ 녹-업-스트림과 자야

〈One Piece 25권 229화〉에서 몽블랑 크리켓은 녹-업-스트림의 원리를 설명한다. 해저에 있는 큰 동굴로, 저온의 해수가 들어가고 들어간 해수가, 지열로 인해 증기로 변한다. 결국, 동굴에서 대폭발이 일어나는 것이 녹-업-스트림 해류이다.

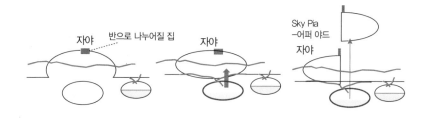

중요한 핵심은 저온의 해수가 동굴로 들어간다는 점이다. 첫 번째 그림처럼 자야가 해저판과 연결되어 있다면, 해수가 자야섬 바로 밑에 있는 동굴로 들어갈 수가 없다. 들어갈 수 있는 틈이 없기 때문이다. 반대로 두 번째

---

22) W7 : 워터 세븐(Water 7)의 약자. 물의 도시. 이곳에서 두 번째 배, 써니호를 얻게 된다.
23) 아이스버그 : W7(워터 세븐)의 사장. 프랑키와 함께 톰의 제자였다.

그림처럼 자야가 해저판에 접촉해 있다면, 틈이 존재하며, 접촉된 틈 사이로 해수가 들어갈 수 있다. 동굴에 들어간 해수가 가열되어 폭발하게 된다. 그 힘으로 자야의 반쪽은 하늘로 날아가 Sky Pia의 어퍼 야드가 된다. 녹-업-스트림을 통해, 자야는 해저판과 연결되지 않았음을 알 수 있다. 단지 바둑판 위에 놓인 바둑알처럼, 해저판 위에 놓여 있을 뿐이다. 이 모든 것은 대륙이동설이 주장하는 Grand Line 섬 분포와 일치되는 결과이다.

⑭ One Piece의 땅[복선]

고대왕국의 대륙이 이동했다는 필자의 대륙이동설이 황당할지도 모른다. 이는 One Piece에서 충분히 가능한 일이다. One Piece에서 땅은 배가 되고, 하늘을 떠다니기도 하고, 나누어지기도 한다.

거인족은 괴력으로 땅을 뜯어내, 배(스릴러 바크)를 만들고, 시키는 땅을 하늘 위로 띄운다. 녹-업-스트림은 땅을 하늘 위로 날려버린다. 그렇게 올라간 땅은 하늘섬과 같이 하늘을 떠다닌다. 마인 오즈[24]는 국토 끌어가기로 악명을 날렸다. 즉, 오즈는 땅을 끌고 다녔다. 이처럼, One Piece에서 땅은 고정된 것이 아니다. 움직이고 나누어지는 것이 땅이다. 따라서 필자의 대륙이동설을 황당하게 받아들이지 말았으면 한다. 고대왕국이 이동했다는 대륙이동설은 충분히 가능한 일이며, 그 증거는 충분히 존재한다.

---

24) 마인 오즈 : 스릴러 바크에서 등장한 전설의 거인(시체). 루피의 그림자가 들어가서 좀비로 부활한다.

① 포네그리프 - 고대왕국의 영토인 Grand Line과 관련 있다.

② 리오 포네그리프 - 고대왕국의 중심부인 지역(라프텔 섬)에 위치한다.

③ 악마의 열매 - 고대왕국의 영토였던 Grand Line의 어떤 장소에서 생성된다.

④ 고대병기 - 고대왕국의 영토였던 Grand Line의 어떤 섬에 숨겨져 있다.

⑤ Grand Line의 섬들은 모두 자기를 가졌다. - 원래 하나의 대륙이기 때문이다.

⑥ 아무도 고대왕국이 존재했던 장소를 모른다. - 대륙이 사라졌기 때문이다.

⑦ 라프텔(부목) - 부목처럼 고대왕국은 바다 위를 이동했다(복선).

⑧ 샨도라&산도라 - 샨도라 도시와 산도라 강은 대륙이동으로 다른 섬으로 분리되었다.

⑨ 샨도라 국가(X) 도시(O) - 라프텔 고대왕국의 도시 중 하나였기 때문이다.

⑩ 기록지침 : 해저판과 분리되어 있어야, 다른 섬으로 간주할 수 있다.

⑪ 어인섬 : 해저판과 분리되어 있다.

⑫ 아이스버그의 꿈 : 꿈이 이루어지기 위해서는 W7이 해저판과 분리되어 있어야 한다.

⑬ 자야 : 현재처럼 나누어지기 위해서는 자야섬이 해저판과 분리되어 있어야 한다.

⑭ One Piece에서 땅은 이동하며 분리된다(복선).

⑮ ? [L-file 8-3]

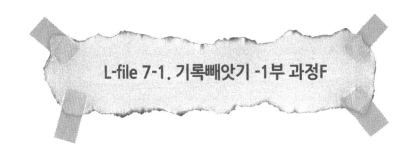

L-file 7-1. 기록빼앗기 -1부 과정F

대륙이동설은 Grand Line이 생성된 과정과 원리를 설명한다. 고대왕국이 멸망해서 생긴 것이 Grand Line이다. 루피 일행은 Grand Line을 항해하고 있다. Grand Line은 기록지침으로 항해하는 항로이다. 항해 도중 특이한 사건이 일어나는데 기록지침의 기록을 빼앗긴다. 이에 대해 알아보자.

1. 자야와 Sky Pia의 위치

먼저, 자야와 Sky Pia의 위치에 대해서 알아보자. Part Zero에서 알아낸 방위를 적용한다면, 청해의 자야는 Grand Line에 이처럼 분포한다고 할 수 있다(L-file 4-1).

그럼, 하늘섬 Sky Pia는 어디에 위치하고 있을까? Sky Pia는 하늘섬이기 때문에 정확한 위치는 알 수 없다. 하늘섬은 고정된 섬이 아니라, 하늘을 떠다니는 구름의 섬이다. 따라서 정확한 위치를 알 수 없다. 단지, 자야 부근을 떠돈다는 것만은 확실하다.

몽블랑 크리켓 : "적제운은 몇 천년, 몇 만년동안 변함없이 하늘을 떠돌
아다니는 구름 …"
"녀석의 구역 내에서 대낮에 밤이 나타난 그 다음날에
는 남쪽 하늘에 적제운이 나타난다."~〈One Piece 25권
229화〉

"변함없이 하늘을 떠돌아다니는 화석", 몽블랑 크리겟의 대사는 이를 확
인시켜주는 대사이다. Sky Pia는 이동한다. 거북이 해왕류의 구역에 적제운
이 나타나면, 다음 날에는 다른 장소(남쪽 하늘)에서 나타난다. 이는 하늘섬
이 거북이 해왕류의 구역에서 남쪽 하늘로 이동했음을 의미한다.

코니스 : "섬구름에 배 채로 띄워서 죽을 때까지 하늘을 떠돌게 하는
벌이에요."~〈One Piece 26권 242화〉

Sky Pia에는 구름보내기 처벌이 있는데 죽을 때까지 하늘을 떠돌게 하는
처벌이다. 또한, 나중에 등장하는 하늘섬, 웨더리아[25]를 통해서도 이를 확
인할 수 있다. 웨더리아는 하늘을 떠돌며 기후를 연구하고, 청해의 사람들
과 거래를 하는 하늘섬이다. 이런 사실들을 통해, 하늘섬은 이동한다는 사
실을 확실하게 알 수 있다.

2. 루피의 항로와 Sky Pia

루피 일행의 행보는 이와 같다. 원래의 경로로 가다가 Sky Pia에 기록을
빼앗긴다. Sky Pia 하늘섬에 가기 위해 자야로 가고, 자야에서 남쪽 방향의

---

25) 웨더리아 : 나미가 칠무해 쿠마에 의해 날아가 도착한 섬으로 기후와 기상을 연구하는 하
늘섬이다.

바다로 항해한다. 녹-업-스트림으로 Sky Pia에 간다. 녹-업-스트림이 나타나는 장소와 거북이 해왕류가 나타난 장소는 서로 다른 장소이다. 청해로 내려온 루피 일행은 롱 링 롱 랜드로 간다. 이를 그림으로 나타내면 이와 같다.

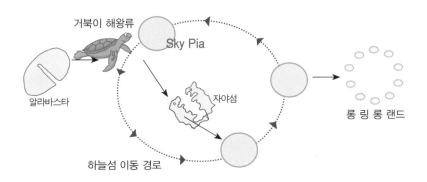

처음부터 루피의 항로에 하늘섬(Sky Pia)이 있다면, 알라바스타를 출항하는 시점에 기록지침은 하늘을 가리키고 있어야 하지만, 출항하는 시점에는 하늘을 가리키지 않았다. 도중에 기록을 빼앗겨, 하늘을 가리키게 된다. 따라서 Sky Pia은 루피가 선택한 항로에 속하지 않는다.

하늘섬(Sky Pia)은 이동하는 구름의 섬이다. 출항하는 시점에는 기록지침에 영향을 주지 못하고, 그 후에 이동해서 기록지침에 영향을 준 것이다. 루피가 Sky Pia로 간 여정은 원래 항로에서 이탈한 여정이었다. 항로를 이탈하지 않았다면, 루피 일행은 어떤 섬으로 가게 되었을까? 알라바스타에서 기록지침이 가리킨 섬은 무엇일까?

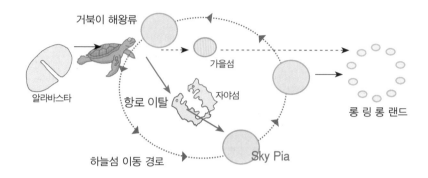

로빈 : "알라바스타에서 기록을 따라가면, 아마 '가을섬'에 도착할 거 야."~⟨One Piece 26권 218화⟩

기록을 빼앗기기 전에 로빈은 다음 섬이 가을섬이라고 말한다. 즉, 루피 일행이 가기로 되어 있던 섬은 가을섬X이다. 하지만 기록을 Sky Pia에 빼앗 기며, 항로를 이탈해 자야와 Sky Pia로 가게 된다. Sky Pia 이후 루피 일행의 기록지침은 롱 링 롱 랜드를 가리킨다.

3. 롱 링 롱 랜드

롱 링 롱 랜드는 원래 항로에 속하는 섬일까? 아니면, 항로를 이탈한 상 태에서 도착한 섬일까? 이는 해군의 대장인 아오키지를 통해서 알 수 있다.

아오키지 : "알라바스타 사건 이후 사라진 니코 로빈의 소식을 확인하 러 온 것뿐이야."~⟨One Piece 34권 319화⟩

알라바스타에 로빈이 나타났다는 정보를 아오키지는 듣는다. 이후의 정보 는 없다. 아오키지는 로빈을 잘 알고 있어서 이전처럼 로빈이 새로운 해적단에 가입해 도주했다고 추측한다. 도주한 해적단이 루피 해적단이다. 그래서 루피 일행이 지나가는 원래 항로인 롱 링 롱 랜드에서 로빈을 기다린다.

롱 링 롱 랜드가 원래 항로에 속한 섬이 아니라면, 루피와 아오키지는 만나지 못한다. 루피가 롱 링 롱 랜드에 가기 위해서는 항로를 이탈해야 한다. 그리고 아오키지는 이를 예측할 수 없다. 루피가 이탈할지, 하지 않을지, 그것을 알 수 없다. 루피가 항로를 이탈한 이유는 우연히 Sky Pia에 기록을 빼앗겼기 때문에 이를 아오키지가 예측할 수 없다.

반대로 롱 링 롱 랜드가 원래 항로에 속한 섬이라면, 루피와 아오키지는 만날 수 있다. 루피가 롱 링 롱 랜드로 온다고 예측할 수 있기 때문이다. 즉, 롱 링 롱 랜드는 루피의 항로에 속하는 섬이다. 루피 일행은 기록을 빼앗겨 항로를 이탈하고 원래 항로로 돌아오게 되는데, 돌아온 섬이 롱 링 롱 랜드이다.

4. 정리

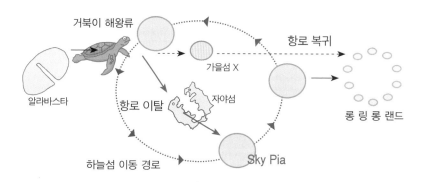

루피가 선택한 항로는 "알라바스타 → 가을섬X → 롱 링 롱 랜드" 항로이다. 항해 도중 기록을 빼앗겨 가을섬X에 가지 않고, Sky Pia로 가게 되어 항로를 이탈한다. 도중에 간 자야섬도 이탈해서 간 섬이다. 그 후에 롱 링 롱 랜드로 가면서 롱 링 롱 랜드를 통해 원래 항로로 복귀한다.

이처럼 루피는 항로를 이탈한 적이 있다. 한 번이 아니라 의외로 루피는 자주 항로를 이탈한다. 루피가 모험한 섬의 절반은 항로를 이탈해서 간 곳이다. 다음 L-file을 통해 루피의 항해 경로를 알아본다.

One Piece L-file 7-1. 정리

Sky Pia 하늘섬은 자야 섬 근처를 떠돈다.
루피 일행은 기록을 빼앗겨, 항로를 이탈한다. 롱 링 롱 랜드에서 원래 항로로 복귀한다.

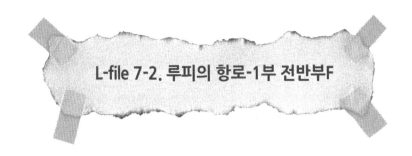

L-file 7-2. 루피의 항로-1부 전반부F

이전 L-file과 이번 L-file을 통해 루피의 항해 경로를 추적하자. 이렇게 추적하는 이유는 기록지침의 원리, 비밀을 알아내기 위해서이다. 루피의 항해 경로를 추적하면서 그 단서를 찾을 수 있다.

라프텔 섬으로 가는 항로는 7개가 존재한다. 이 중 루피는 한 개의 항로를 선택한다(Red = 원래 항로, Blue = 이탈, Black = 가지 않은 섬).

1) 리버스 마운틴 – 출발

East Blue에서 동료를 모은 루피는 Grand Line의 입구, 리버스 마운틴으로 간다. 리버스 마운틴에 도착한 루피는 BW[26](바로크 워크스)의 요원, 비비와 Mr.9의 요청으로 위스키 피크로 가는 항로를 선택한다. 기록지침은 위스키 피크를 가리킨다.

2) 위스키 피크

비비가 알라바스타의 왕녀임을 알게 된다. 이때, 이가람[27]은 기록지침으로 2, 3개의 섬을 지나가면, 알라바스타 왕국에 도착할 거라고 말한다. 즉, 알라바스타는 루피가 선택한 항로에 속한 섬이다. 이후 루피 일행은 기록지침에 따라, 리틀 가든으로 가게 된다.

---

26) BW : 칠무해 크로커다일이 만든 비밀 조직. 비비의 나라, 알라바스타를 빼앗으려 한다.
27) 이가람 : 알라바스타의 호위 대장. 공주 비비와 함께 BW에 잠입한다.

3) 리틀 가든

비비 왕녀가 리틀 가든으로 간 것을 안 크로커다일은 그곳으로 Mr.3을 파견한다. 리틀 가든에서 기록이 모이려면 1년이 필요하다. 좌절하고 있던 일행 앞에, 상디는 알라바스타 영구지침을 구해서 나타난다. 이제 루피 일행은 곧바로 알라바스타 왕국에 갈 수 있다. 즉, 기록지침의 기록이 다 모이지 않은 상태에서 영구지침으로 출항한다.

4) 다음 섬A, 다음 섬B - 지나감

이가람은 위스키 피크와 알라바스타 사이에 섬이 2, 3개 있다고 설명했다. 따라서 리틀 가든 이후에 2개 정도의 섬이 더 존재함을 알 수 있지만, 루피 일행은 알라바스타로 가는 영구지침으로 항해했기에, 두 섬에 가지 않고 곧바로 알라바스타 왕국으로 항해한다.

5) 드럼섬 - 항로 이탈

알라바스타로 가는 도중, 나미가 쓰러진다. 나미를 치료하기 위해 가까운 섬으로 간다. 루피 일행은 드럼섬을 발견하고, Dr. 쿠레하[28]에게 치료를 받은 후에 알라바스타로 출항한다. 드럼섬이 원래 항로에 속하는지 알 수 없다. 기록지침으로 드럼섬에 갔는지, 표류하다 갔는지, 알 수 없기 때문이다. 확신할 수 없으므로, 항로를 이탈한 것으로 간주한다.

6) 알라바스타 왕국 - 항로 복귀

알라바스타에서 칠무해, 크로커다일과 전투를 벌인다. 그 후에 로빈을 해적단에 받아들이고 항해를 계속한다. 여기서부터 다시 기록지침으로 항해를 시작한다. 기록지침은 가을섬X를 가리키고 있다.

---

28) Dr. 쿠레하 : Dr. 리누. 쵸파의 스승. 매실을 좋아하는 139세의 할머니(2년 후, 141세)

7) 가을섬X – 지나감

항해 도중, Sky Pia에 기록이 빼앗겨 이 섬에 가지 않는다.

8) 자야 – 항로 이탈

하늘에서 배가 떨어지며, Sky Pia에 기록을 빼앗긴다. 기록지침은 하늘섬을 가리킨다. 가라앉은 배를 탐험하는 도중, 마시라 해적단29)을 만나게 된다. 로빈은 마시라 해적단에게서 영구지침을 훔친다. 루피 일행은 영구지침으로 자야에 간다.

9) 하늘섬, Sky Pia – 항로 이탈

기록지침을 따라 Sky Pia에 가지만, 이는 항로를 이탈한 것이다. 원래 가야 할 가을섬X가 아닌, 항로를 이탈해 Sky Pia에 온 것이다. 다시 출항한다. 기록지침은 청해의 섬을 가리키고 있다. 그래서 루피 일행은 문어 풍선을 이용해 청해로 내려간다.

10) 롱 링 롱 랜드 – 항로 복귀

롱 링 롱 랜드는 원래 항로의 섬으로 루피 일행은 원래 항로로 복귀한 것이다. 이는 아오키지를 통해서 알 수 있다(L-file 7-1).

11) W7(워터 세븐)

루피 일행은 기록지침을 따라 워터 세븐으로 간다. 가는 도중 바다열차30)를 만나게 되고, 바다열차의 철도를 따라 워터 세븐으로 간다.

---

29) 마시라 해적단 : 몽블랑 크리켓에 매료된 해적단. 크리켓과 함께 황금향을 찾는다. 인양작업. 원숭이?

30) 바다열차 : 조선공 '톰'이 만든 열차. Grand Line의 섬들을 연결한 선로를 따라 이동한다.

12) 에니에스 로비(사법섬) - 항로 이탈

로빈을 구하기 위해. 바다열차를 타고 에니에스 로비로 간다. 기록지침으로 간 것이 아니라 철도로 간 것이다. 에니에스 로비는 루피의 항로에 속하지 않는다.

13) W7(워터 세븐) - 항로 복귀

바다열차를 타고, 워터 세븐으로 돌아와 프랑키가 만든 새 배로 항해를 시작한다. 기록지침으로 항해를 시작한다.

14) 스릴러 바크 - 항로 이탈

스릴러 바크는 땅으로 만든 배다. 스릴러 바크는 Grand Line의 땅이 아닌, West Blue의 땅으로 만들어졌다. 그래서 기록지침이 반응하지 않는다.

15) 날치 라이더즈[31] 기지 - 항로 이탈

루피 일행은 Red Line에 도착한다. 기록지침은 바닷속을 가리킨다. 루피 일행은 심해의 어인섬으로 갈 방법을 몰랐지만 케이미[32]와 하치를 통해, 그 방법을 알게 된다. 루피 일행은 코팅을 하기 위해 샤본디 제도로 간다.

16) 샤본디 제도 - 항로 이탈

코팅을 해야 어인섬에 갈 수 있기 때문에 샤본디 제도에 간다. 여전히 기록지침은 바닷속을 가리킨다. 사본디 제도는 니무의 섬이라, 기록지침에 영향을 주지 못한다.

---

31) 날치 라이더즈 : 인신매매 집단. 상디와 100%(?) 똑같은 듀발이 두목이다.

32) 케이미 : 하치의 표지연재에 등장한 인어. 샤본디 제도, 이인섬에서 루피 일행을 돕는다.

17) 어인섬 - 항로 복귀

2년 후에 루피 일행은 샤본디 제도로 다시 모인다. 그리고 기록지침을 따라 바닷속, 심해의 어인섬으로 떠난다.

18) 펑크 해저드 - 항로 이탈

후반부(신세계)로 넘어온 루피 일행은 펑크 해저드로 간다. 기록지침은 펑크 해저드를 가리키지 않았지만 항로를 이탈해서 간다.

지금까지의 루피 일행의 경로를 정리해 본자(일행이 흩어진 부분은 제외).

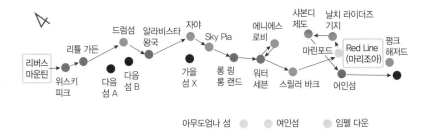

리버스 마운틴 → 위스키 피크 → 리틀 가든 → 드럼섬 → 알라바스타 왕국 → 자야 → Sky Pia → 롱 링 롱 랜드 → 워터 세븐 → 에니에스 로비 → 워터 세븐 → 스릴러 바크 → 날치 라이더즈 기지 → 샤본디 제도 → 어인섬 → 펑크 해저드

이 중에서 절반은 항로를 이탈해서 간 곳이다(파란색). 루피가 선택한 경로는 이와 같다.

리버스 마운틴 → 위스키 피크 → 리틀 가든 → 다음 섬A → 다음 섬B → 알라바스타 왕국 → 가을섬X → 롱 링 롱 랜드 → 워터 세븐 → 어인섬 → ······ → 라프텔 섬

　　루피 일행은 선택한 항로에 있는 모든 섬에 가지 않았다. 일부는 가지 않고 지나갔음을 알 수 있다. 그럼에도 불구하고, 라프텔에 가는데 아무런 문제가 없다.

One Piece L-file 7-2. 정리

루피 일행은 항로를 이탈한 적이 많다.
루피 일행의 행적을 조사함으로써, 기록지침의 원리를 알 수 있다.

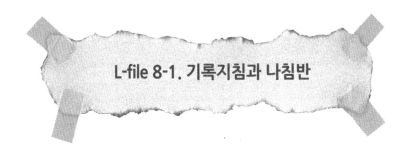

L-file 8-1. 기록지침과 나침반

1. 차이 – 다름

기록지침과 나침반은 같은 도구인가? 다른 도구인가?

이 질문에 누구나 다르다고 대답한다. 하지만 정말 다르다고 확신하는 것은 아니다.

〈One Piece 12권 105화〉에서 기록지침은 등장한다. Grand Line의 섬은 자기가 많아 나침반을 사용할 수 없다. 나침반은 빙글빙글 돌게 되므로 등장하는 것이 기록지침이다. Grand Line에서 기록지침은 나침반처럼 빙글빙글 돌지 않는다. 여기까지 보면, 누구나 기록지침은 나침반과 다르다고 생각한다.

하지만 기록지침의 원리를 추측할 때에는 나침반과 기록지침을 연결한다. 나침반은 N-S극(방위)과 관련된 도구로 이 특징을 기록지침에도 적용하려 한다. 그래서 기록지침도 N-S극에 연결을 하는데 실제로 기록지침은 N-S극과 전혀 관계없다. 두 도구는 다른 도구이므로, 나침반의 특성을 기록지침에 적용할 이유는 없다.

기록지침과 나침반, 나침반과 기록지침.

이 두 도구는 전혀 다른 도구이며, 같은 특성을 가질 필요도, 이유도 없다.

기록지침은 섬의 자기를 기록하고, 다음 섬의 방향(목적지)을 가리키는 도구이다. 반면에 나침반은 N-S극을 이용해서 북쪽(방위)을 가리키는 도구이지, 목적지를 가리키지 않는다. 기록지침은 목적지를 가리키지, 북쪽을 가리키지 않는다. 이처럼 나침반과 기록지침은 다르다.

Grand Line은 기록지침으로 항해한다. 4개의 Blue는 나침반으로 항해한다. Grand Line(리버스 마운틴)으로 가기 위해서는 나침반과 지도가 필요해, 루피는 버기로부터 지도를 얻는다. 반면, Grand Line에서는 지도가 없어도 괜찮다. 기록지침만 있다면 다음 섬으로 갈 수 있다. 실제로 루피 일행은 지도 없이 Grand Line을 항해하고 있다.

기록지침은 지도가 없어도 다음 목적지를 알려주지만, 나침반은 지도가 없으면 다음 목적지를 알려주지 못한다. 기록지침은 지도가 없어도 되지만, 나침반은 지도가 있어야 한다. 기록지침과 나침반은 지도에 관해서도 다른 입장을 취한다.

기록지침과 나침반은 서로 가리키는 것이 다르며, 지도의 필요성도 다르다. 즉, 두 도구는 같지 않고 다르다. 기록지침은 방향을 가리키고, 나침반은 방위를 가리킨다. 두 도구는 다른 도구이다.

2. 공통점 – 함정

기록지침과 나침반은 서로 다른 도구이다. 따라서 기록지침은 N-S극과 관련될 필요가 없다. 그런데 왜 기록지침을 N-S극과 연결하는 것일까? 그 이유는 기록지침과 나침반의 공통점 때문이다. 나침반과 기록지침은 모두 시침(가리키는 바늘)의 형태로 모양은 비슷하다. 그래서 기록지침의 원리를 나침반과 연결해 생각하게 되는데 이것은 함정이다.

모양이 똑같기 때문에, 두 도구를 연결하여 함정에 빠진다.

기록지침과 똑같은 기능을 가졌지만, 모양이 전혀 다른 도구를 상상해 보자. 필자가 제시하는 상상의 도구는 기록탐지기이다. 이 도구에도 N-S극 특성을 연결해서 생각할까?

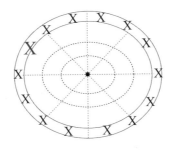

이런 기능과 모양을 가진 기록탐지기를 상상해 보자.

기록탐지기는 다음 섬의 방향을 탐지한다. 해당되는 방향의, X의 색이 변한다. 색이 변한 X쪽으로 가면, 다음 섬에 갈 수 있지만 거리는 알 수 없다. 이 기록탐지기는 기록지침의 기능과 정확히 똑같다. 단지 겉모양만 다를 뿐이다. 이 기록탐지기의 원리를 생각해 보자. 기록탐지기의 원리를 생각할 때, 나침반의 N-S극 특성을 적용시키려 할까? 아마도 하지 않을 것이다.

기록지침에는 N-S극 특성을 적용하지만, 기록탐지기에는 적용하지 않는다. 똑같 기능을 가진 도구인데 이런 차이를 보이는 이유는 무엇일까? 기록탐지기의 모양이 나침반과 너무나도 다르기 때문이다. 그래서 기록탐지기에 N-S극 특성을 적용하지 않는다. 이처럼 기록지침에도 N-S극 특성을 적용하지 않아도 된다. 오히려 나침반과 유사한 모양 때문에 잘못된 방향으로 원리를 추측했음을 알 수 있다. 기록지침이 나침반과 유사하게 생긴 것은 일종의 함정으로 추측된다. 기록지침의 원리를 추측하려면, 가장 먼저 해야 할 일은 모양에 집착하지 않는 것이다.

3. 모양이 같은 이유

기록지침과 나침반은 모양이 유사하다. 그 이유는 무엇인가?

작품 외적으로는 작가가 준비한 함정으로 보인다. 모양에 집착하면, 기록지침의 원리를 알 수 없다. 그래서 두 도구의 모양이 비슷하다고 필자는 생각한다. 그럼, 작품 내적으로는 어떤 이유가 있을까?

나침반은 항해할 때, 지표가 된다.

기록지침은 Grand Line에서 항해할 때에는 지표가 된다.

두 도구는 사용하는 용도, 목적이 똑같다. 그래서 기록지침은 나침반과 유사한 모양으로 제작되었다고 추측할 수 있다.

One Piece L-file 8-1. 정리

기록지침은 N-S극과 전혀 무관하다. 기록지침은 나침반과 전혀 다른 도구이다.

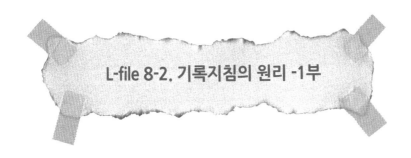

L-file 8-2. 기록지침의 원리 -1부

기록지침의 원리를 알기 위한 모든 준비는 끝났다(L-file 7). 기록지침의 모양에 집착하지 말고, N-S극 특성을 기록지침에 적용할 필요도, 이유도 없다. 이제 기록지침의 원리를 추측해 본다.

1. 기록지침의 특징

특성1) 기록되는 기간 – 섬마다 다르다.

리틀 가든에서 기록이 모이려면 1년을 기다려야 한다고 한다.
~[L-file 7-2. 루피의 항로] 中

리틀 가든에서 기록지침의 특성이 공개된다. 기록되는 기간은 모든 섬이 동일하지 않고 각 섬마다 다르다. 어떤 섬의 기록은 하루 만에 기록되기도 하고, 어떤 섬의 기록은 1년이 걸리기도 한다.

특성2) 기록되는 대상 – 도착한 섬 X 도착할 섬 O

기록지침이 기록하는 대상은 도착한 섬일까? 도착할 섬(다음 섬)일까?

이 질문의 답은 쉽게 알 수 있다. 기록지침은 어떤 대상을 기록하고, 이를 활용해 방향을 가리킨다. 따라서 기록 대상이 변하면 방향도 변할 것이고, 변하지 않는다면 방향도 변하지 않을 것이다.

루피가 선택한 경로는 "알라바스타→가을섬X→롱 링 롱 랜드"이다 (L-file 7-2). 항해 도중 Sky Pia에 기록을 빼앗긴다. 즉, 기록지침의 방향이 변하고 기록지침이 기록하는 대상이 변했음을 알 수 있다.

기록 대상이 도착한 섬이라고 가정하자. 이 경우 기록 대상은 알라바스타 섬이다. 알라바스타 섬에 무슨 변화가 있었는가? 아무런 변화가 없다. 기록 지침도 변화가 없어야 하지만, 기록지침은 변했다. 따라서 기록 대상은 도착한 섬이 아님을 알 수 있다.

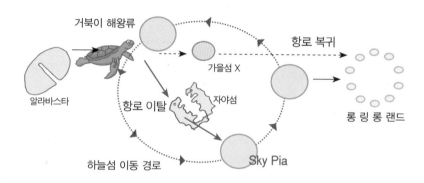

오히려 변한 것은 도착할 섬이다. 도착할 섬이 가을섬X에서 Sky Pia로 변한다. Sky Pia는 하늘섬으로 이동하므로, 위치가 변한다(L-file 7-1). Sky Pia는 도착한 섬이 아니라, 도착할 섬(다음 섬)이다. 즉, 기록지침은 도착할 섬의 변화에 영향을 받는다. 그래서 도착할 섬이 가을섬X에서 Sky Pia로 변한다.

알라바스타를 출항할 때, 기록지침은 가을섬X를 기록하고 있었다. Sky Pia는 이동하는 하늘섬으로 위치는 변한다. 이 변화에 기록지침의 기록도 변한다. 기록지침은 Sky Pia를 가리키게 된다.

참고1) 리틀 가든의 1년

루피의 항로 : 위스키 피크 – 리틀 가든 – 다음 섬A – 다음 섬B – 알라바스타 왕국

기록지침이 기록하는 대상은 다음 섬, 도착할 섬이다.

따라서 위스키 피크에서 기록되는 자기는 리틀 가든의 자기이고, 리틀 가든에서 기록되는 자기는 다음 섬A의 자기이다. 리틀 가든에서 기록에 필요한 시간은 1년이다. 1년이 걸리는 이유는 리틀 가든 때문이 아니라, 다음 섬 A 때문이다. 다음 섬A의 기록이 완료되는데 1년이 필요한 것이다.

특성3) 기록되는 시기 - 주기적

어떤 섬에 도착하면, 루피 일행은 기록에 대해서 언급한다. 그래서 섬에 도착하면 새로운 기록이 시작된다고 생각할 수 있다. 이것은 분명히 사실이다. 섬에 도착하면 새로운 기록이 시작되지만 정확히 말해, 섬에 도착해야만 기록이 시작되는 것은 아니다.

루피 일행은 알라바스타 왕국에서 출항한다. 이때, 기록지침에 기록된 자기는 가을섬X이다. 기록지침은 가을섬X를 가리키고 있고 항해 도중 Sky Pia에 기록을 빼앗긴다. 그래서 기록지침은 Sky Pia를 가리킨다. 기록지침은 도착할 섬의 자기를 기록한다. "기록을 빼앗긴다" 이 말은 기록지침이 Sky Pia(도착할 섬)의 자기를 기록했다는 뜻이다.

기록을 빼앗기는 순간! 그 순간 루피 일행은 섬에 도착한 순간인가? 아니다. 바다 한가운데에서 항해하고 있는 시점이다. 항해하는 도중에 새로운 기록(Sky Pia의 기록)이 기록된 것이다. 즉, 섬에 도착하지 않아도 기록이 시작되고 완료되었다. 이를 통해 기록이 일어나는 시점은 섬에 도착했을 순간만이 아님을 알 수 있다. 오히려 기록은 주기적으로 계속 된다는 사실을 알수 있다.

기록지침의 기록은 주기적으로 일어나지만 이를 알지 못한다. 왜냐하면, 방향의 변화가 없기 때문이다. 주기적으로 기록하지만, 방향의 변화가 없어 기록되고 있는 사실을 알지 못한다.

　A섬에서 B섬으로 항해한다고 가정하면, A섬에서 B섬의 자기를 기록한다. 기록이 완료되면, 기록지침은 B섬을 가리킨다. 이제 기록지침을 따라 출항한다. 기록지침은 주기적으로 항해하는 도중에도 계속 기록하고 있다. 하지만 기록을 한 결과가 계속 B섬이다. 기록지침이 여전히 B섬을 가리키지만, 방향이 변하지 않는다. 방향이 변하지 않을 뿐이지, 기록지침은 계속 주기적으로 기록을 하고 있다. B섬에 도착할 때까지 기록지침의 방향은 변하지 않는다.

　Sky Pia(C)의 경우는 예외적인 경우이다.

　기록지침은 주기적으로 기록하지만 항상 결과가 B로 같았다. 그러다가 Sky Pia 부근에서 Sky Pia의 자기를 기록한다. 이제 기록지침은 Sky Pia를 가리키게 된다. 이것은 방향이 변하고 결과가 변하는 것으로 기록을 빼앗겼다고 말한다.

　기록지침의 방향이 변할 때만 기록된다고 생각할 수 있지만, 사실 기록지침은 주기적으로 기록하고 있다. 일반적으로 기록의 결과가 바뀌지 않을 뿐이다. 그래서 기록이 이루어지지 않는다고 착각한다. 대표적으로 방향이 변하는 순간이 섬에 도착할 때이다. 섬에 도착하면, 새로운 섬(다음에 도착할 섬)을 찾기 위해서 빙향이 변힌다. 방향이 변해야 기록이 이루어졌다고 생각하겠지만, 사실은 주기적으로 기록되고 있는 것이다. 변화가 없었을 뿐이다.

참고2) Sky Pia의 기록 시간

　Sky Pia에게 기록을 빼앗긴다. 이는 기록지침이 Sky Pia의 자기를 기록했다는 뜻이다.

일반적으로 기록지침은 기록을 시작해서 완료하는데, 며칠이 필요하다. 하지만 이것이 절대적이지 않다. 특성1에서 설명했듯이, 기록 시간은 섬마다 다르고 Sky Pia는 며칠이 아니라, 몇 초, 몇 분 만에 기록이 되었을 뿐이다. 항상 며칠의 시간이 필요한 것이 아니다.

참고3) 선택한 항로의 섬을 모두 가지 않아도 된다.
리버스 마운틴 → 위스키 피크 → 리틀 가든 → 다음 섬A → 다음 섬B → 알라바스타 왕국 → 가을섬X → 롱 링 롱 랜드 → 워터 세븐 → 어인섬 → …… → 라프텔 섬

실제로 루피 일행은 최소 2, 3개 섬을 가지 않았지만 아무런 문제가 없다. 여전히 기록지침을 따라가면 라프텔 섬에 갈 수 있다. 그것만 없다면 라프텔 섬에 갈 수 있을 것이다.

특성4) 기록되는 것 – 섬의 자기

크로커스 : "자기를 기록할 수 있는 특수한 나침반이지."~〈One Piece 12권 105화〉

Grand Line의 섬들은 자기를 띤 광물을 가지고 있다. 그래서 나침반으로 항해할 수 없어 등장하는 것이 기록지침이다. 기록지침은 자기의 무엇을 기록한다.

2. 기록지침의 원리

특성1. 기록되는 기간 - 섬마다 다르다.
특성2. 기록되는 대상 - 도착한 섬 × 도착할 섬 ○

특성3. 기록되는 시기 - 주기적으로 기록이 이루어진다.

특성4. 기록되는 것 　- 도착할 섬의 자기

+ Sky Pia의 위치는 변한다. 이 변화에 기록지침은 영향을 받는다.

기록지침의 특성은 이와 같다. 크로커스는 Grand Line의 섬들이 어떤 법칙에 따라, 자기를 띠고 있다고 한다. 이를 이용한 것이 기록지침이라고 설명한다.

크로커스 : "위대한 항로에 흩어져 있는 섬들은 어떤 법칙에 따라, 자기를 띠고 있지."~〈One Piece 12권 105화〉

Grand Line의 섬들은 어떤 자기적인 법칙을 가지고 있다. 그 법칙은 무엇일까?

기록지침은 자기의 무엇을 기록하고 있다. 그리고 이것은 Grand Line의 법칙과도 연결된다. 이것은 무엇일까? 필자는 N-S극은 아니라고 했었다. 그렇다면 무엇일까? 여러 가지 단서들과 의문들을 고려할 때, 기록지침이 기록하는 것은 자기의 세기, 자력 크기라는 결론이 나온다.

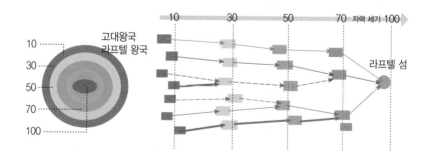

고대왕국의 대륙은 나누어져, Grand Line의 섬이 되었다(L-file 6). Grand Line의 섬은 모두 자기를 가진 섬이다. 고대왕국의 대륙은 자기를 가졌다. 이 대륙의 중심부일수록 자력이 강하다고 가정하면, 모든 의문점을 해결된다.

고대왕국의 대륙은 이동하는 과정에서 바깥 지역(검은 지역)부터 떨어져 나간다. 바깥 지역은 자력이 약한 지역이다. 고대왕국은 계속 이동한다. 다시 바깥 지역(녹색 지역)이 떨어져 나가는 과정이 반복된다. 결국, 고대왕국은 바깥 지역일수록 먼저 떨어지고, 안쪽 지역일수록 늦게 떨어진다. 바깥 지역일수록 자력이 약하므로, 자력이 약한 지역부터 떨어졌다고도 할 수 있다. 따라서 자력이 가장 강한 지역은 가장 뒤에 위치하고, 가장 약한 지역은 가장 앞에 위치하게 된다.

기록지침은 자력의 크기, 자기의 세기를 측정하는 도구이다.

따라서 가장 자력이 약한 지역(시작 섬)에서 가장 자력이 강한 지역(끝 섬)으로 가리킨다. 기록지침을 따라가면, 가장 자력이 강한 지역, 끝 섬인 라프텔 섬에 도착할 수 있다. 라프텔 섬의 그것만 없다면, 라프텔 섬에 도착할 수 있다. 그것 때문에 라프텔 섬에 도착하지 못할 뿐이다.

자력 세기를 측정할 때, 무엇이 영향을 주는가?

섬이 가진 자력이 크다면 측정되는 수치도 클 것이다. 반대로 작다면, 측정되는 수치도 작을 것이다. 자기를 띤 광물이 있기에, Grand Line의 섬은 자기를 가졌다. 자기를 띤 광물의 종류와 양이 실제 자력을 결정한다. 자력이 큰 광물이 섬에 있다면 자기가 셀 것이고, 반대라면 약할 것이다. 광물의 종류에 따라서 영향을 받는다. 그리고 광물의 양이 많으면 자기가 셀 것이고, 적다면 약할 것이다. 양에도 영향을 받는다. 두 요소에 의해서 실제 자력 크기가 결정된다.

정확히 말해 측정되는 자력 크기는 실제 자력의 크기가 아니다. 한 가지 요소에 의해 영향을 더 받게 되는데, 거리이다. 측정하는 위치가 가깝다면 크게 측정되고, 멀다면 작게 측정된다. 측정되는 수치는 거리에 영향을 받는다. 이제 Sky Pia의 기록빼앗기를 설명할 수 있다.

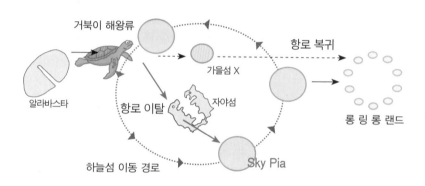

Sky Pia는 하늘섬으로 위치와 측정되는 거리도 변한다. 알라바스타를 출항하는 시점에 Sky Pia는 멀리 있었지만, Sky Pia는 이동한다. 결국, 기록을 빼앗기는 시점에, 루피 일행의 머리 위에 위치한다. 즉, 측정하는 거리가 짧아진다. 측정하는 거리가 짧을수록 자력은 크게 측정된다. 그래서 가을섬X보다 Sky Pia의 자력이 더 크게 측정된다. 기록지침은 자력이 더 큰 Sky Pia를 가리키게 되고, 기록을 빼앗기게 된다. 그 결과 알라바스타에서 측정할 때와 바다 위에서 측정했을 때의 결과가 달라져 기록지침의 방향이 변한다.

항해하는 도중[특성3], Sky Pia의 자력 세기[특성4]가 순식간에 기록되어 [특성1] 다음에 도착할 섬[특성2]이 Sky Pia로 변경된다. 이것이 Sky Pia의 기록뺏앗기이다.

Sky Pia의 기록뺏앗기는 두 가지 이유 때문에 일어났다. 첫 번째 이유는 자력이다. 일반적인 하늘섬은 자력이 없지만, Sky Pia는 청해에서 올라온 자야(어퍼 야드) 때문에 자력을 가졌다. 두 번째 이유는 하늘섬의 이동성이다. 측정되는 거리에 따라 측정되는 자력 크기가 변한다. 이동하기 때문에 측정되는 자력 크기도 변한다.

첫 번째 조건만 만족한 경우가 Grand Line의 섬이다. Grand Line의 섬들은 자력은 있다. 하지만 이동하지 않고 고정되어 있다. 그래서 기록뺏앗기가 일어나지 않는다. 두 번째 조건만 만족한 경우가 스릴러 바크이다. 스릴러 바크는 이동하지만 자력이 없다. 그래서 기록뺏앗기가 일어나지 않는다. 이처럼 기록뺏앗기는 매우 특수한 경우에서만 일어난다. 기록뺏앗기는 자력이 있는 땅이 이동해야만 일어나는 현상이다. 이에 해당되는 경우가 Sky Pia의 어퍼 야드이다. 이제 [L-file 7-1]에서, 하늘섬이 움직인다는 사실을 강하게 강조한 이유를 이해할 수 있을 것이다. Sky Pia 기록뺏앗기의 비밀은 하늘섬의 이동성과 밀접하게 관련되기 때문이다.

One Piece L-file 8-2. 정리

기록지침은 자력 세기(자력 크기)를 측정하는 도구이다.
측정되는 자력 세기는 거리에 반비례하고, 광물의 종류와 양에 비례한다.
Sky Pia의 어퍼 야드는 이동한다. 그래서 측정되는 자력 세기가 변한다.
그래서 기록뺏앗기가 일어난다.
기록뺏앗기는 자력이 있는 섬이 이동해야만 일어나는 현상이다.

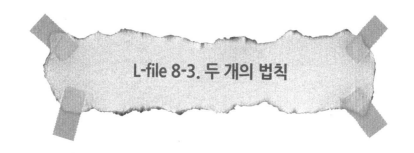

1. 자기적 법칙

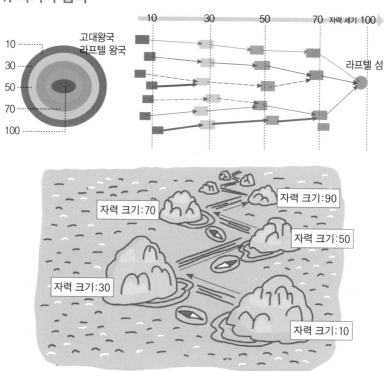

Grand Line 후반부일수록, 고대왕국의 안쪽 지역이다. Grand Line은 이런 위치적 법칙을 가지고 있다. 이제 기록지침은 어떤 원리를 활용해, 떨어진 고대왕국의 영토를 가리킨다.~[L-file 6-2. 사라진 고대왕국 – 대륙이동설] 中

Grand Line의 섬들은 두 가지 법칙을 가지고 있다.

한 가지는 후반부일수록, 고대왕국의 안쪽 지역이라는 위치적 법칙이다. 그리고 다른 한 가지는 후반부일수록, 자력이 크다는 자기적 법칙이다. 기록지침은 두 번째 법칙을 이용해 다음 섬을 가리킨다.

기록지침은 위치적 법칙과 직접적으로 관계된 것이 아니다.

기록지침은 자기적 법칙과 관계되지, 위치적 법칙과는 무관하다. 고대왕국 중심부에서 반경 몇 km라는 정보는 기록지침과 관계없다. 중심부에 가까울수록 자력이 크므로 간접적으로 연결되지만, 직접적으로 관련된 것은 아니다.

기록지침과 관련된 법칙은 자기적 법칙이다. Grand Line의 섬들은 두 가지 법칙을 가지고 있다. 크로커스가 말한 법칙은 자기적 법칙을 의미한다.

크로커스 : "위대한 항로에 흩어져 있는 섬들은 어떤 법칙에 따라, 자기를 띠고 있지."~〈One Piece 12권 105화〉

2. 대륙이동설의 근거

Grand Line 후반부일수록 자력이 크다. 전반부일수록 자력이 작다. Grand Line은 이런 자기적 법칙을 띠고 있다. 기록지침의 원리를 통해서 알 수 있는 사실이다. 그렇다면, Grand Line은 왜 이런 자기적 분포를 보이는 것인가? 이 의문에 대답할 수 있어야 한다. 그 대답이 대륙이동설이다.

대륙이동설을 통해, Grand Line의 자기적 법칙을 설명할 수 있다. 중심부일수록 자기가 강한 대륙이 이동하면서 나누어졌다면, 이러한 자기적 분포를 설명할 수 있다. Grand Line의 자기적 분포는 대륙이동설을 지지하는 근거이다. Grand Line의 자기적 분포는 대륙이동설의 15번째 근거이다.

One Piece L-file 8-3. 정리

Grand Line은 두 가지 법칙을 가지고 있다. 두 법칙은 모두 대륙이동설의 근거가 된다.

 1. 위치적 법칙 : 후반부일수록 고대왕국의 중심부이다.
 2. 자기적 법칙 : 후반부일수록 자력이 크다.

기록지침은 자기적 법칙을 이용한 도구이다.

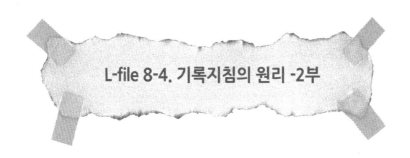

L-file 8-4. 기록지침의 원리 -2부

1부에서 기록지침의 특성과 원리를 추측했다. 기록지침은 주기적으로 다음 섬(도착할 섬)의 자력 크기를 측정한다. 측정된 결과를 바탕으로 다음 섬을 가리킨다. 다만, 측정되는 기간이 섬마다 다를 뿐이다. 이제 기록지침의 원리를 구체적으로 알아보자.

1. 기록지침과 양팔 저울

흔히 기록지침을 나침반과 연결시키려 한다. 기록지침은 나침반과 겉모양만 유사할 뿐이지, 그 원리는 전혀 다르다. 원리적인 측면에서 유사한 도구는 양팔 저울이라 할 수 있다. 기록지침은 도착한 섬(A)보다 자력이 큰 섬(B)을 찾는다. A, B 두 섬의 자력 크기를 비교해 큰 쪽으로 가리킨다. 양팔 저울은 A, B 두 물체의 무게를 비교해 큰 쪽으로 기운다. 이렇게 비교하면 기록지침과 양팔 저울은 원리적인 측면에서 유사하다.

2. 기록지침의 활용

　기록지침은 자력이 센 섬을 찾는 도구이다. 측정되는 섬은 한 개가 아닌 여러 개다. 그 중에서 한 개의 섬만을 선택하며 선택의 기준은 자기의 세기, 자력의 크기다. 선택할 수 있는 섬들 중에서 가장 자기가 센 섬을 선택한다. 현재 4개의 자력을 측정했다고 가정하면, 측정된 자력의 크기는 30, 31, 35, 27이다. 기록지침은 4개의 섬들 중에서 가장 큰 자력인 35인 섬을 선택한다. 해당되는 섬이 있는 방향을 가리킨다. 이와 같은 원리로 기록지침은 다음에 도착할 섬을 선택한다.

　4개의 섬과 그 섬의 자력 세기가 이처럼 분포되었다고 가정하자.

　A1섬에서 기록지침은 B1섬과 B2섬 중 어느 섬을 가리킬까? 기록지침은 자력이 가장 센 섬을 가리킨다. 두 섬의 자력 세기는 30으로 동일하지만, 측정되는 수치(자력 세기)는 다르다. 측정되는 자력 세기는 거리에 반비례한다. 가까울수록 더 크게 측정되고, 멀수록 작게 측정된다. B2섬보다 B1섬이 A1섬에 가까이 위치한다. 따라서 A1섬에서 측정할 경우, B1섬의 자력 세기가 더 크게 측정된다. 결국, 기록지침은 B1섬을 가리키게 된다. 반대로 A2섬에서 가까운 섬은 B2섬이다. 마찬가지 과정을 거쳐, A2섬에 있는 기록지침은 B2섬을 가리키게 된다. 이렇게 각각의 항로가 결정된다.

기록지침은 주기적으로 기록한다. A1섬과 A2섬에서 각자 출항했다고 가정하자. 기록지침의 방향은 어떻게 될까? 배가 있는 위치에서 가장 자력이 센 섬은 변하게 될까? 다음에 도착할 섬에 가까워지므로 측정되는 수치는 커질 것이다. 하지만 순위는 변하지 않는다. 따라서 기록지침이 가리키는 섬도 변하지 않는다. 기록지침의 방향은 변함없다. 여전히 A1섬에서 출항한 배의 기록지침은 B1섬을 가리킨다. A2섬에서 출항한 경우도 동일하다. A2섬에서 출항한 배의 기록지침은 B2섬을 가리킨다. 방향의 변화는 없다.

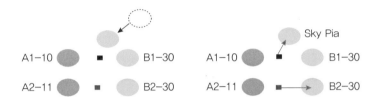

항해 도중 기록지침의 방향이 바뀌는 경우도 존재한다. Sky Pia가 이에 해당되는데 Sky Pia는 이동하는 하늘섬이다. 항해 도중, Sky Pia는 수직선상 위에 위치한다. 기록지침은 가장 자력이 센 섬을 가리키고 가까이 있을수록 자력은 크게 측정된다. 그래서 Sky Pia의 자력이 더 크게 측정되는데 기록지침은 Sky Pia를 가리킨다. A1섬에서 출항하기 전에는 B1섬을 가리키고 있었지만 항해 도중 가리키는 방향이 변한다. 기록지침의 방향이 변하며 기록을 빼앗기게 되는데, 이것이 기록빼앗기이다.

3. 기록지침의 활용 – 실전

2장에서 요점만 설명했다. 실제로 Grand Line의 섬은 2장처럼 분포한 것은 아니다. Grand Line의 섬들은 각자 자력의 크기도 다르며, 위치도 다르다. 그래서 조금 복잡하겠지만, 기본 원리는 2장과 동일하다.

측정되는 자력 크기는 거리에 반비례하고, 실제의 자력 크기(광물의 종류, 양)에 비례한다. 기록지침은 측정된 자력 크기가 가장 큰 섬을 가리킨다. 기록지침은 자기가 크며, 가까운 섬을 선택한다. 이 원리를 적용해서, 기록지침은 다음 섬을 결정한다.

이 과정에서 두 항로가 합쳐지는 경우도 발생한다.

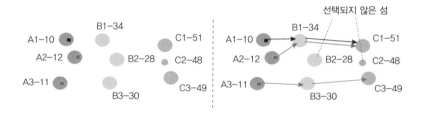

A1섬에서 자력이 가장 크며, 가까이에 있는 섬은 B1섬이다. A1섬에서 기록지침은 B1섬을 가리킨다. A2섬에서 자력이 가장 크며, 가까이 있는 섬은 B1섬이다. A2섬에서도 기록지침은 B1섬을 가리킨다. 이렇게 두 항로가 합쳐진다. 이와 같은 과정을 거쳐 Grand Line의 7항로는 모두 합쳐진다. 결국, 7개의 항로는 가장 자력이 큰 라프텔 섬에서 모두 모여 합쳐진다.

오히려 기록지침에 선택되지 않는 섬들이 생김을 알 수 있다. 7항로에 속하지 않는 섬이 Grand Line에 존재한다. 이러한 섬들의 존재는 〈One Piece 12권 105화〉의 그림에서 찾아볼 수 있다. 크로커스는 위대한 항로를 설명한다. 그 배경으로 Grand Line의 모습이 등장한다. 〈One Piece 12권 105화〉 그림에서 Grand Line에 있지만, 7항로에 속하지 않는 섬들이 그려져 있다.

또한, 샤본디 제도 Episode에서도 이 섬들을 찾아볼 수 있다. 샤쿠야쿠[33]는 샤본디 제도를 설명한다. 그 배경으로 Grand Line이 등장한다. 〈One Piece 51권 498화〉 그림에서도 7항로에 속하지 않는 섬들이 그려져 있다.

이런 섬들도 자기를 가지고 있다. 이는 로빈을 통해 알 수 있다. 7항로에 속하지 않더라도 자기만 있으면, 영구지침은 존재할 수 있다. 위스키 피크에서 로빈은 루피 일행에게 알라바스타 옆 섬을 가리키는 영구지침을 준다.

로빈 : "[영구]지침이 가리키고 있는 건 알라바스타 바로 옆에 있는 '아무 것도 없는 섬'. 우리 사원들도 모르는 항로니까 추적자들도 안 쫓아올 거다."~〈One Piece 13권 114화〉

영구지침이 존재하므로, 아무 것도 없는 섬은 자기를 가졌지만 이 섬은 7항로에 속하지 않는다. 이 섬이 7항로에 속한다면, 주변 섬에서 이 섬을 알 것이다. 바로크 워크스(BW)는 알라바스타 왕국을 빼앗으려 한다. 따라서 알라바스타 주변의 섬들은 파악하고 있다. 하지만 로빈은 바로크 워크스가 이 섬의 존재를 모른다고 한다. 이 섬이 7항로에 속하지 않는다고 보는 편이 타당하다. 그래서 사람들은 이 섬을 몰랐고, 바로크 워크스도 이 섬을 모른다고 볼 수 있다.

이렇게 7항로에 속하지 않지만, 자력을 가진 섬들이 존재한다.

실제로 Grand Line의 섬은 고대왕국이 나누어지며 생긴 것이다. 7항로에 속하는 섬들은 기록지침의 원리에 의해서 선택되었을 뿐이다. Grand Line에 존재하면서 7항로에 속하지 않는 섬들도 존재한다. 이 섬들도 자기를 가졌고, 과거 고대왕국의 영토였다. 자력을 가졌다면 고대왕국의 영토이다. 7항로에 속해야만, 고대왕국의 영토인 것이 아니다. 자기를 가진 Grand Line

---

33) 샤쿠야쿠 : 샤본디 제도에서 등장한 술집 아줌마로 단발머리이며, 담배를 핀다. 레일리, 하치와 안면이 있다.

의 섬은 고대왕국의 영토다. 7항로의 섬들은 기록지침의 원리에 의해 선택되었을 뿐이고, 속하지 않는 섬들은 선택되지 않았을 뿐이다. 하지만 과거에 모두 고대왕국의 영토였다(대표적인 예로 임펠 다운을 들 수 있다. L-file 9).

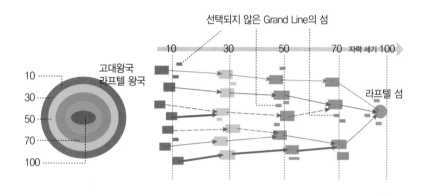

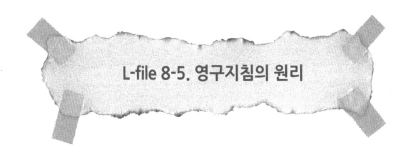

L-file 8-5. 영구지침의 원리

이가람 : "한 번 기억시킨 섬의 자력을 절대로 잊지 않고, 어디에 있어
　　　　도 영구히 그 섬만을 가리키는 것이 이 영구지침."~〈One Piece
　　　　13권 113화〉

　기록지침의 원리는 이전 L-file을 통해서 추측했다. 이제 영구지침의 원리
를 추측해 보자. 기록지침은 자력 크기를 측정한다. 측정한 범위 안에서 가
장 자력이 큰 섬을 가리킨다. 그럼, 영구지침도 기록지침처럼 자기의 세기,
크기를 측정하는 도구일까?

1. 기록지침과 영구지침의 차이

　영구지침도 기록지침처럼 자력 크기를 측정하는 도구라고 가정하자. 이
제 그 원리를 추측해 보고 가정이 옳다면, 영구지침은 자력 크기를 영구히
기록하는 도구일 것이다. 기록된 자력 크기와 동일한 섬을 찾는 것이 그 원
리일 것이다. 하지만, 이는 영구지침의 설정에 맞지 않다.

1) 거리(측정하는 위치)

　측정되는 자력 크기는 거리에 반비례하고, 실제의 자력 크기(광물의 종
류, 양)에 비례한다. ~[L-file 8-4. 기록지침의 원리 -2부] 中

실제로 섬이 가진 자력 크기는 광물의 종류와 양에 의해서 결정된다. 하지만 측정되는 수치는 실제 자력 크기가 아니다. 측정하는 거리(위치)에 따라서 수치는 달라진다. 가까운 위치에서 측정할수록 크게 측정되고, 멀리서 측정할수록 작게 측정된다. 즉, 거리에 반비례한다.

> 이가람 : "한 번 기억시킨 섬의 자력을 절대로 잊지 않고, 어디에 있어도 영구히 그 섬만을 가리키는 것이 이 영구지침."~〈One Piece 13 권 113화〉

영구지침은 어떤 위치에서도 기억한 섬만을 가리킨다. 따라서 영구지침은 위치에 영향을 받지 않는다. 자력 크기는 위치에 영향을 받는다. 따라서 영구지침은 자력 크기와 무관하다고 할 수 있다. 만약 관련 있다면, 영구지침도 위치에 영향을 받아야 하지만, 영구지침은 위치에 영향을 받지 않는다. 따라서 영구지침이 기록하는 것은 자력 크기가 아니다.

자력 크기를 측정하는 기록지침은 위치(거리)에 영향을 받게 되어 Sky Pia에 기록을 빼앗긴다. 하지만 영구지침은 이런 빼앗기가 발생하지 않는다. 자야의 영구지침은 영원히 자야만을 가리킨다. Sky Pia가 가까이와도 기록을 빼앗기지 않는다. 영구지침이 위치(거리)에 영향을 받지 않는 것은, 자력 크기를 측정하는 도구가 아니기 때문이다.

2) 광물의 양

영구지침이 자력 크기와 관련이 없다는 사실은 몽블랑 노랜드[34]를 통해서도 알 수 있다.

---

34) 몽블랑 노랜드 : 노스 블루의 식물학자. 탐험가. 황금의 도시(샨도라)를 주장. 녹-업-스트림으로 샨도라가 하늘에 올라가 거짓말쟁이가 된다. 몽블랑 크리켓의 선조.

노랜드 선원 : "[노랜드]제독님~." "이거 보세요. 영구지침이에요."

~⟨One Piece 31권 290화⟩

노랜드는 표류하다 종소리에 이끌려 자야에 도착하게 되고, 자야 섬의 영구지침을 얻은 후에 고향으로 돌아간다. 5년 후 노랜드는 다시 자야 섬으로 간다. 다시 자야를 찾아온 노랜드는 어떻게 왔을까? 기록지침일까? 영구지침일까?

노랜드는 영구지침으로 자야에 온 것이다. 노랜드는 처음부터 기록지침을 따라 자야에 도착한 것이 아니라, 표류하다가 종소리를 이끌려 우연히 도착했다. 노랜드는 기록지침으로 가지 않아, 자야섬이 몇 번째 항로에 속하는지 모른다. 어떤 항로에 속하는지 모르는 상황에서 기록지침으로 항해를 할까? 아니면 자야를 가리키는 영구지침으로 갈까? 당연히 영구지침으로 갈 것이다.

하지만 영구지침이 자력 크기와 관련되었다면 이는 불가능한 일이다.

측정되는 자력 크기는 거리에 반비례하고, 실제의 자력 크기(광물의 종류, 양)에 비례한다. ~[L-file 8-4. 기록지침의 원리 −2부] 中

노랜드가 돌아오기 전에 자야는 녹-업-스트림으로 나누어지고, 자기를 가진 광물도 나누어진다. 광물의 양이 줄어들고 섬의 자력 크기도 변하여, 자력 크기가 줄어든다. 영구지침이 자력 크기와 관계된 도구라면, 자력 크기가 변했으므로 영구지침은 자야를 가리키지 못했어야 한다. 하지만 영구지침은 자야를 가리켰고 노랜드는 자야에 다시 올 수 있었다.

영구지침이 자력 크기를 저장하는 도구라고 가정해 보자. 노랜드의 영구지침은 섬이 나누어지기 전에 제작된 것이다. 따라서 그 영구지침이 저장하고 있는 자력 크기는 나누어지기 전의 자력 크기(50)이다. 이제 섬이 나누어졌기에 자력 크기도 나누어진다. 청해의 자야는 줄어든 자력 크기(20)를 가진다. 영구지침이 기억하고 있는 자력 크기는 50이고, 남아있는 자야의 자력 크기는 20이다. 자력 크기가 변했으므로 영구지침은 반쪽 자야를 가리키지 못했어야 하고, 노랜드는 자야섬에 도착하지 못했어야 했다. 하지만 노랜드는 영구지침으로 자야섬에 도착한다. 이것이 무엇을 의미하는 것일까? 영구지침은 자력 크기와는 관계가 없다는 것을 의미한다.

2. 영구지침의 원리

1장을 통해, 영구지침은 자력 크기와 관련 없음을 알 수 있다. 그리고 자야를 통해 광물의 양과도 관련 없음을 알 수 있다. 또한, 설정을 통해서 거리(측정하는 위치)와도 무관함을 알 수 있다. 그럼, 영구지침이 기억하는 것은 자기의 무엇일까? 거리와 상관없이 항상 동일하며, 섬이 나누어져도 변하지 않는 것! 그것이 무엇일까? 그것은 광물의 종류이다.

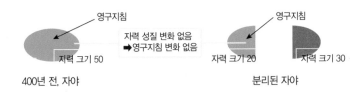

400년 전, 자야   분리된 자야

자야는 나누어져 광물의 양과 자력 크기가 변하지만, 자야섬을 구성하고 있는 광물의 종류는 변하지 않는다. 비록 양은 줄어들었어도 종류는 동일하다. 즉, 섬이 나누어져도 자력 성질은 유지되었고, 이를 기억하는 영구지침의 방향도 변하지 않는다.

영구지침을 사용하는 위치가 변하면, 광물의 종류도 달라지는가? 달라지지 않고 동일하다. 거리와 상관없이 섬을 구성하는 광물의 종류는 동일하여 영구지침은 거리와 상관없이 항상 같은 섬을 가리킨다.

영구지침은 광물의 종류를 활용하는 도구이다. 섬을 구성하는 광물의 종류는 모두 다를 수 있다. Grand Line의 섬은 자기를 띠는 광물이 있기에 자력을 가졌다. 광물의 종류가 다르므로, 섬이 가진 자력도 미묘하게 다르다. 그 미묘한 차이를 구별할 수 있다면, 섬을 구별할 수 있다. 영구지침은 섬마다 다른 자력 성질을 구별한다. 기억한 자력의 성질과 동일한 섬을 가리킨다. 이것이 영구지침의 원리이다.

3. 세 가지 지침

지금까지 세 가지 지침의 원리를 추측해 보았다. 세 가지 지침을 정리해 본다.

1) 나침반

나침반은 자기의 N-S극을 이용한 지침이다. 나침반은 항상 북쪽을 가리킨다. 나침반을 통해서 방위를 알 수 있다.

2) 기록지침

기록지침은 자기의 세기(크기)를 이용한 지침이다. 기록지침은 자기가 큰 섬을 가리킨다. Grand Line 후반부일수록 자기가 세다. 따라서 기록지침을 통해서 Grand Line을 항해할 수 있다. 기록지침을 통해 다음 섬의 방향을 알 수 있다.

3) 영구지침

영구지침은 자기의 성질을 이용한 지침이다. 자기 성질은 자기를 띠는 광물의 종류에 따라서 달라진다. 영구지침에 기억된 자기 성질과 동일한 자기를 찾는다. 그리고 그 자기가 나오는 방향을 가리킨다. 그것이 영구지침의 원리이다. 영구지침을 통해 특정한 섬의 방향을 알 수 있다.

4) 세 가지 지침

세 가지 도구는 모두 겉모양이 유사하지만, 그 원리는 자기와 관련된다는 점을 제외하면 전혀 다르다. 겉모양이 유사한 이유는 기능이 같기 때문이다. 모두 목적지를 알게 해준다는 동일한 기능을 가지고 있다. 그래서 겉모양이 유사하여도 그 원리는 전혀 다르다.

[L-file 8-1]에서 모양에 집착하지 말자고 필자는 말했다. 이제 그 이유를 이해할 수 있을 것이다. 모양에 집착하면, 세 가지 지침을 모두 연결해서 생각한다. 나침반의 N-S 특징을 기록지침과 영구지침에 적용하려고 한다. 결국, 각기 다른 원리에 도달하지 못한다. 그래서 모양을 무시하라고 말한 것이다. 세 가지 지침은 그 원리가 동일하지 않고 모두 다르다.

One Piece L-file 8-5. 정리

One Piece에 등장하는 세 지침은 모두 다른 원리를 가졌다.
1. 나침반 : 자기의 N-S극을 이용힌디.
2. 기록지침 : 자기의 크기(세기)를 이용한다.
3. 영구지침 : 자기의 성질(광물의 종류)을 이용한다.

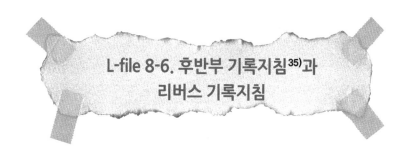

L-file 8-6. 후반부 기록지침[35]과 리버스 기록지침

기록지침과 영구지침의 원리를 추측했다. One Piece에 나오는 지침은 더 있다. 이 지침들의 원리도 추측해 보자. 이 지침들의 원리는 기록지침의 응용이므로, 복잡하지 않다.

1. 후반부 기록지침의 원리

루피 일행은 어인섬에 도착한다. 이제부터 전반부의 기록지침을 더 이상 사용할 수 없다. 후반부에서는 다른 기록지침을 사용해야 한다. 후반부 기록지침은 지침이 3개이다. 후반부 기록지침은 전반부 기록지침의 원리와 크게 다르지 않고 거의 동일하다. 전반부 기록지침의 원리는 무엇인가? 도착할 섬의 자기 세기를 측정해, 가장 센 섬, 하나의 섬을 선택해서 가리키는 것이다. 측정된 섬들 중에서 1위인 섬을 선택하는 것이 전반부 기록지침이다. 그럼, 자기가 센 순서대로 3개(1위, 2위, 3위)를 선택하면 어떻게 될까? 세 지침은 각각 다른 세 섬을 가리킨다. 그것이 바로 후반부 기록지침이다.

좌대신 : [Grand Line 후반부에서는] "3개의 지침은 각각 다른 섬의 자기를 기억하지."~〈One Piece 66권 653화〉

---

35) 후반부 기록지침 : 신세계 기록지침이라고 부르기도 한다. 어인섬~라프텔까지 사용하는 지침이다.

기록지침이 자력 크기를 측정한다. 그래서 31, 28, 29, 33이 측정되었다고 가정하자. 전반부 기록지침은 가장 자기가 큰 섬(자력 크기 33), 한 개의 섬만을 선택한다. 후반부 기록지침은 큰 순서대로 세 섬(자력 크기 33, 31, 29), 세 개의 섬을 선택한다. 이제 후반부 기록지침은 세 섬을 가리킨다. 그래서 3개의 지침은 각기 다른 방향을 가리킨다.

> 나미 : "하나[가운데 지침]는 이쪽(전반부) 기록지침과 마찬가지로 흔들리지만, 다른 2개는 안정돼 있는 것 같아."~〈One Piece 66권 653화〉

나미의 전반부 기록지침은 흔들거린다. 전반부 기록지침은 가장 자기가 센 섬을 가리키고 있으며, 후반부 기록지침 중 가운데 지침이 흔들거린다. 후반부 기록지침의 3지침 중에서 가장 센 자기를 측정하는 지침은 가운데 지침이다. 좌우 지침은 두 번째, 세 번째로 자기가 센 섬을 가리키는 지침이다.

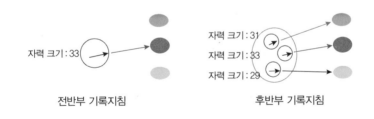

전반부 기록지침   후반부 기록지침

2. 거꾸로 항해하기

검은 수염 티치와 에이스는 Grand Line을 거꾸로 항해했다. 후반부를 차지하고 있는 사황, 흰 수염과 붉은 머리 샹크스는 Grand Line을 거꾸로 항해해 마린포드에 등장했다. 이들 모두 어떻게 거꾸로 항해한 것일까?

기록지침의 반대로 가면 된다고 생각할 수 있지만, 그 생각은 틀렸다. 기록지침이 가리키는 것은 다음에 도착할 섬의 방향으로, 반대로 가는 것은 다음 섬의 반대 방향으로 가는 것이지, 이전 섬으로 가는 것이 아니다.

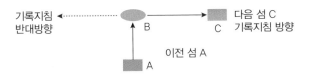

"A → B → C"로 항해했다고 가정하자. B섬에서 거꾸로 항해하려 한다. 이전에 갔던 A섬으로 돌아가려 한다. 기록지침은 C섬을 가리키고 있다. 기록지침의 반대로 가면 A섬에 갈 수 있을까? A섬으로 가지 못한다. 따라서 기록지침으로 거꾸로 항해할 수 없다.

이전 섬 A섬으로 가기 위해서는 영구지침을 사용해야 한다. A섬을 영구히 가리키는 영구지침을 사용한다면 A섬으로 갈 수 있다. 그럼, Grand Line을 거꾸로 항해한 이들은 모두 영구지침을 사용한 것일까? 다른 방법이 존재하지 않을까?

3. 리버스 기록지침

리버스 기록지침은 작품에 등장하지 않는 지침이다. 단지, 필자가 생각해낸 상상의 지침이지만 어쩌면, 공개만 안 되었을 뿐 존재하고 있을지도 모른다.

이미 Grand Line을 거꾸로 항해한 이들이 존재한다. 이들은 모두 여러 개의 영구지침을 사용한 것일까? 여러 개의 영구지침을 사용하지 않고, 단 한 개의 지침으로 거꾸로 항해할 수는 없을까? 그런 가능성을 바탕으로 상상한 결과가 리버스 기록지침이다. 일반적인 항해 방향과 반대로 가리키는 지침, 그것이 필자가 상상한 리버스 기록지침이다.

한 가지는 …… 위치적 법칙이다. 그리고 다른 한 가지는 후반부일수록, 자력이 크다는 자기적 법칙이다. 기록지침은 두 번째 법칙을 이용해 다음 섬을 가리킨다.~[L-file 8-3. 두 개의 법칙] 中

Grand Line 후반부로 갈수록 자력이 크고, 기록지침은 자기가 센 섬을 가리킨다. 그래서 기록지침을 따라가며 항해할 수 있다. 리버스 기록지침은 반대다. Grand 전반부로 갈수록 자력은 작아진다. 즉, 리버스 기록지침은 자력이 작은 섬을 가리킨다. 그래서 리버스 기록지침을 따라간다면, Grand Line을 거꾸로 항해할 수 있다.

이 리버스 기록지침이 실제로 존재할지, 앞으로 등장할지는 모른다. 하지만 기록지침의 원리를 고려할 때, Grand Line을 거꾸로 항해하는 사람들이 존재한다고 생각하면, 리버스 기록지침은 충분히 존재할 수 있다고 볼 수 있다.

One Piece L-file 8-6. 정리

전반부 기록지침 : 자기가 가장 큰 섬(1위)을 가리킨다.
후반부 기록지침 : 자기가 큰 순서대로 세 섬(1, 2, 3위)을 가리킨다.
리버스 기록지침 : 자기가 작은 섬을 가리킨다. – Grand Line 거꾸로 가기

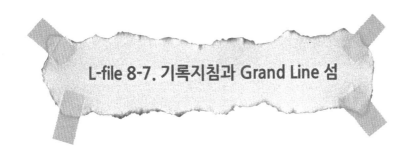

L-file 8-7. 기록지침과 Grand Line 섬

Grand Line 섬들은 해저면 위에 놓인 상태, 바둑판 위에 놓인 바둑알과 같은 상태이다(L-file 6-7).

연결되어 있으면, 기록지침은 하나의 섬으로 간주한다. -10개의 롱 링 롱 랜드 섬. 반대로 끊어져 있으면, 기록지침은 다른 섬으로 간주한다. -2개의 자야(청해, 하늘섬)~[L-file 6-6. 대륙이동설의 증거] 中

기록지침은 왜 연결되어 있으면, 하나의 섬으로 간주하고, 끊어져 있으면 다른 섬으로 간주하는 것인가? 그 이유는 기록지침의 원리 때문이다. 기록지침이 측정하는 대상은 섬 자체가 아니라, 섬이 지닌 자기장(자기 세기, 자력 크기)이기 때문이다.

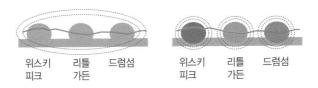

| 위스키 | 리틀 | 드럼섬 | 위스키 | 리틀 | 드럼섬 |
| 피크 | 가든 | | 피크 | 가든 | |

해저를 통해 연결되어 있는 경우와 끊어진 경우의 자기장은 이와 같다. 연결되어 있으므로 자기장이 1개이다. 반대로 끊어져 있으면, 각 섬마다 다른 자기장을 가지게 된다. 기록지침이 측정하는 대상은 자기장이다. 따라서 연결된 경우, 측정되는 자기장은 1개로 모든 섬을 하나의 섬으로 간주한다. 끊어진 경우, 측정되는 자기장은 여러 개이고 모든 섬을 다른 섬으로 간주

한다. Grand Line 섬들은 모두 끊어져 있으며 각자의 자기장을 가진다. 그래서 기록지침은 각 섬을 다른 섬으로 인식한다.

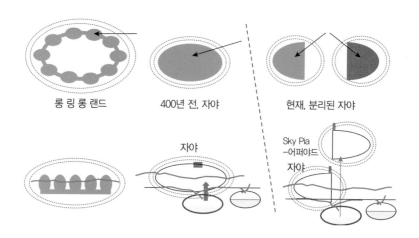

롱 링 롱 랜드   400년 전, 자야   현재, 분리된 자야

자야   Sky Pia
          ─어퍼야드
          자야

롱 링 롱 랜드와 자야(청해, 하늘섬)의 경우도 동일하다. 롱 링 롱 랜드는 바다 밑으로 연결되어 있어 자기장이 1개이다. 따라서 기록지침이 반응하는 자기장도 1개로, 옆 섬을 다른 섬으로 인식하지 않고 하나의 섬으로 인식한다. 나누어지기 전, 자야의 자기장은 1개이고 자야를 하나의 섬으로 간주했었다. 하지만 400년 전 녹-업-스트림으로 자야는 나누어져 자기장도 2개가 된다. 자기장이 2개이므로 이제 기록지침은 두 섬을 다른 섬으로 간주한다. 그래서 Sky Pia를 가리키던 루피 일행의 기록지침은 자야를 가리키지 않는다.

기록지침이 측정하는 대상은 섬이 아니라, 섬의 자기장이다. 따라서 자기장이 1개면, 1개의 섬으로 인식하고 자기장이 여러 개이면, 여러 개의 섬으로 인식한다. 롱 링 롱 랜드의 자기장이 1개이므로, 10개의 섬을 하나의 섬으로 인식한다. 자야의 자기장은 2개이므로, 2개의 섬을 다른 섬으로 인식한다.

기록지침이 측정하는 대상은 섬이 아니라, 섬의 자기장(자력 크기)이다.

Grand Line의 섬은 서로 분리되어 있다. 따라서 각자의 자기장을 가졌다.

그래서 기록지침은 Grand Line의 섬을 다른 섬으로 인식한다.

롱 링 롱 랜드는 수면 밑으로 붙어있다. 따라서 1개의 자기장을 가졌다.

그래서 기록지침은 롱 링 롱 랜드를 하나의 섬으로 인식한다.

L-file 8-8. 기록지침이 둥근 이유

〈One Piece 24권 218화〉의 제목이 "기록지침이 둥근 이유"이다. 기록지침이 둥근 이유는 무엇일까?

1. 둥근 이유? – Sky Pia

218화 내용은 Sky Pia의 기록빼앗기이다. 218화에서 하늘섬인 Sky Pia가 등장한다. 그래서 기록지침이 둥근 이유는 Sky Pia 하늘섬 때문이라 생각하기 쉽다. 틀린 것은 아니지만, 정확하지 않다.

하늘섬은 대지가 없고 구름으로 이루어진 섬으로 자기가 존재하지 않는다. 기록지침은 자기를 기록하는 도구이다. 따라서 기록지침은 하늘섬을 가리키지 않는다. Sky Pia에는 중요한 비밀이 존재하여, Sky Pia를 등장시켜야 한다. 그래서 Grand Line의 대지가 올라왔다는 특별한 설정이 부여된다 (L-file 6-1).

기록지침(영구지침)이 둥근 이유는 Sky Pia 하늘섬 때문이 아니다. 이 사실은 노랜드를 통해서도 확인할 수 있다.

노랜드 선원 : "[노랜드]제독님~." "이거 보세요. 영구지침이에요.",
~〈One Piece 31권 290화〉

녹-업-스트림으로 자야의 대지가 올라가기 전에도 영구지침은 둥글다.

기록지침은 등장하지 않지만, 영구지침처럼 둥글다고 볼 수 있다. 아직 어퍼 야드가 생기지 않았다. 하늘섬은 대지가 없으므로, 기록지침이 반응하지 않는다. 반응하지도 않는 하늘섬을 고려해 둥글게 만들 필요가 없다. 즉, 기록지침이 둥근 이유는 Sky Pia의 어퍼 야드 때문이 아니다.

2. 둥근 이유? – 어인섬

기록지침이 둥근 이유는 하늘섬 때문이 아니고, Sky Pia의 어퍼 야드 때문도 아니다. 오히려 가장 가능성이 높은 곳은 어인섬이다.

하치 : [어인섬의 위치] "딱 성지 마리조아의 직하방 부근이야"
~⟨One Piece 51권 496화⟩

징베 : "[Grand Line]를 나아가려면 반드시 통과해야 하는 어인섬"
~⟨One Piece 54권 529화⟩

One Piece에서 성지 마리조아는 중요한 지역이다. 이곳의 직하방 부근에 어인섬이 존재한다. Grand Line은 기록지침으로 항해하는 지역이다. 그리고 Grand Line을 항해하면 반드시 어인섬을 지나가야 한다. Red Line과 가깝고 반드시 지나가야 하는 섬, 그 섬이 어인섬이다.

성지 마리조아에서 기록지침과 어인섬을 가리키는 영구지침은 어떤 방향을 가리킬까? 어인섬은 마리조아의 직하방에 위치하고 있어 지침은 지면을 가리킨다. 기록지침(영구지침)이 둥근 형태가 아니라면, 정확한 방향을 가리킬 수 없다. 즉, 기록지침이 둥근 이유는 어인섬 때문이라고 할 수 있다.

3. 218화 - 기록지침이 둥근 이유!

기록지침이 둥근 이유는 Sky Pia 때문이 아니라, 어인섬 때문이다. 그런데 왜 Sky Pia가 등장하는 218화의 제목이 "기록지침이 둥근 이유"일까?

그 이유는 어인섬과 Sky Pia의 공통점 때문이다. 어인섬과 Sky Pia(어퍼 야드)는 수평선상에 위치하는 섬이 아니라, 수직선상에 위치하는 섬이다. 즉, 218화의 제목은 Grand Line에는 수직선상에 위치한 섬들이 존재하며, 그 섬들을 가리키기 위해 기록지침이 둥글다는 의미가 된다. 필자는 그렇게 생각한다. 다만, 281화가 연재되던 시점에 어인섬의 존재는 공개되지 않았다. 그래서 Sky Pia때문이라고 착각했을 뿐이다. 기록지침이 둥근 것은 수직선상에 존재하는 섬 때문이다. 구체적으로 설명하면, 어인섬 때문에 둥글다고 할 수 있다.

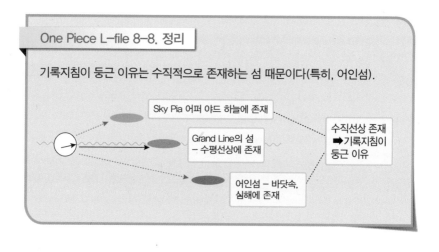

One Piece L-file 8-8. 정리

기록지침이 둥근 이유는 수직적으로 존재하는 섬 때문이다(특히, 어인섬).

Sky Pia 어퍼 야드 하늘에 존재

Grand Line의 섬 – 수평선상에 존재

어인섬 – 바닷속, 심해에 존재

수직선상 존재 ➡기록지침이 둥근 이유

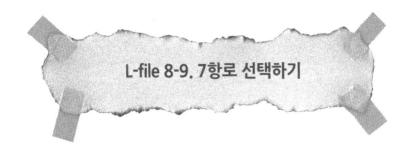

Grand Line을 항해해 라프텔 섬으로 가는 항로는 7개가 있다. 리버스 마운틴에서 이 항로를 선택할 수 있다. 루피 일행도 항로를 리버스 마운틴에서 선택했다. 리버스 마운틴에서 도대체 어떤 방법으로 항로를 선택할까?

1. 잘못된 정보 – 크로커스

크로커스 : "'기록지침' …… 시작은 이 산에서 나오는 7개의 자기 중에
하나를 고르게 ……"~〈One Piece 12권 105화〉

크로커스는 산에서 나오는 7개의 자기 중에서 하나의 자기를 선택함으로써 항로가 결정된다고 말한다. 하지만 이 말은 틀렸다. 기록지침은 섬의 자력 크기를 측정하는 도구이다(L-file 8-2). 기록지침은 측정된 자력 중에서 가장 센 섬을 가리킨다. 리버스 마운틴에서 7개의 시작 섬의 자기를 측정하고, 가장 크게 측정된 섬을 가리킨다.

기록지침으로 선택된 항로가 Grand Line의 7항로이다. 이 항로는 다음에 도착할 섬의 자기를 측정해 결정된 것이다. 이는 어인섬의 좌대신을 통해서 확실히 알 수 있다.

좌대신 : "'위대한 항로'에선 다음 섬으로부터 나오는 '자기'를 기록지
침에 기억시키고 ……"~〈One Piece 66권 653화〉

크로커스의 말과는 다르게 다음 섬의 자기를 측정해서, 좌대신의 말대로 항로가 결정됨을 알 수 있다. 크로커스가 잘못 알고 있음을 알 수 있다. 좌대신의 주장이 진실이다.

루피의 항로 : 리버스 마운틴 → 위스키 피크 → 리틀 가든 → 다음 섬A → 다음 섬B
　　　　　　→ 알라바스타 왕국

리버스 마운틴에서 루피 일행이 측정한 기록은 리버스 마운틴에서 나오는 자기가 아니라, 위스키 피크 섬의 자기를 기록(자력 크기 측정)한 것이다. 이것으로 크로커스의 말은 사실이 아님을 알 수 있다.

2. 항로 선택하기

기록지침은 한 섬에서 다음에 도착할 섬으로 한 개의 섬을 선택한다. 기록지침으로 선택되는 섬은 한 개이다. 따라서 리버스 마운틴에서 선택할 수 있는 섬도 한 개가 되어야 한다. 그렇지만 실제로 리버스 마운틴에서 선택할 수 있는 섬은, 7개나 된다. 어떻게 이것이 가능할까?

그 이유는 간단하다. 리버스 마운틴은 좁은 섬이 아닌, 넓은 대륙(Red Line)이기 때문이다. 선택되는 섬이 한 개인 이유는 한 지점(섬)에서만 자기를 측정하기 때문이다. 자기 세기는 거리에 영향을 받게 되는데 측정하는 위치를 바꾸면, 측정되는 자기 세기도 변하여 기록지침이 가리키는 섬이 바뀐다. 리버스 마운틴은 좁은 섬에 있는 것이 아니라, 넓은 대륙에 있다. 자기 세기를 측정하는 위치를 마음대로 변경할 수 있다.

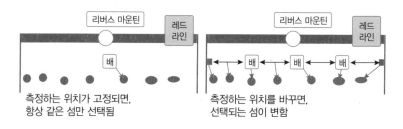

측정하는 위치가 고정되면,
항상 같은 섬만 선택됨

측정하는 위치를 바꾸면,
선택되는 섬이 변함

리버스 마운틴은 섬이 아닌 대륙으로 측정하는 위치를 변경할 수 있다. 기록지침은 자기 세기를 측정하는 도구이다. 거리(위치)에 따라 측정되는 수치(자력 크기)는 달라진다. 리버스 마운틴에서 자기를 측정하는 위치를 출항하는 사람이 선택할 수 있다. 측정하는 위치에 따라서, 선택되는 첫 섬도 달라진다. 즉, 자기를 측정하는 위치를 선택함으로써 Grand Line의 항로를 선택한다. 이것이 리버스 마운틴에서 항로를 선택하는 방법이다.

왼쪽의 그림처럼 한 지점에서 선택할 수 있는 섬은 한 개다. 그 섬을 선택하기 싫다면, 다른 위치로 배를 이동시키면 되고, 선택되는 섬은 달라진다. 리버스 마운틴에서 선택할 수 있는 섬이 7개이다. 루피 일행은 그 중에서 위스키 피크를 선택한 것이다.

배의 위치를 변경함으로써 리버스 마운틴에서 항로를 선택한다. 그리고 이 사실을 크로커스는 알고 있다. 다만, 크로커스는 위치를 변경함으로써, 리버스 마운틴에서 나오는 자기를 선택한다고 착각했을 뿐이다. 사실은 배의 위치를 변경함으로써 측정되는 자력 크기를 조절했던 것이다. 배의 위치에 따라 측정되는 수치가 바뀌므로, 항로를 바꿀 수 있었던 것이다.

One Piece L-file 8-9. 정리

리버스 마운틴에서 항로를 선택하는 방법은 배의 위치를 변경하는 것이다.
배를 이동시켜, 측정되는 자력 크기를 바꿀 수 있다.
그래서 선택되는 섬을 변경할 수 있다. 선택 가능한 섬이 7개이다.

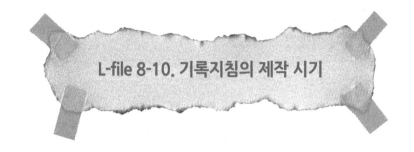

L-file 8-10. 기록지침의 제작 시기

기록지침의 원리, 영구지침의 원리, 후반부 기록지침의 원리까지 모두 알아보았다. 여러 지침의 중심은 기록지침이다. 그럼, 기록지침은 언제 개발된 것일까?

기록지침이 측정하는 대상은 섬 자체가 아니라, 섬의 자기장이다(L-file 8-7). 기록지침은 여러 섬의 자기장 세기를 측정해, 다음 자기장을 가리킨다. 즉, 기록지침은 다수의 자기장 세기를 측정한다.

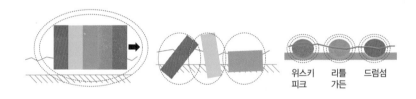

위스키   리틀   드럼섬
피크   가든

Grand Line은 고대왕국이 나누어져 생겼다. 나누어지기 전에 Grand Line의 섬들은 모두 하나의 대륙이다. 따라서 고대왕국이 멸망하기 전, Grand Line 섬들이 한 대륙이었으므로, 자기장도 하나만 존재한다. 그당시 자기장은 여러 개 존재하지 않았다. 당시 기록지침이 존재했다면, 왜 존재하지도 않는 여러 개의 자기장을 측정하도록 제작되었을까?

기록지침은 자기를 지닌 섬과 섬을 항해하도록 도와준다. 자기를 띤 섬이 두 개 이상이 있어야 가치가 있다. 고대왕국이 나누어지기 전, 자기를 지닌 섬(대륙)은 1개(고대왕국)이므로 아무런 가치가 없다. 가치도 없는 도구를 개발할 이유도 없다.

기록지침은 Grand Line을 항해하도록 도와준다. Grand Line이 없다면 존재할 이유도 없는 셈이다. Grand Line은 고대왕국이 멸망함으로써 생겼다. 그럼, 고대왕국은 언제 멸망했는가? 800년 전이다.

Grand Line을 탐험하기 위해 제작된 것이 기록지침이다. Grand Line은 800년 전에 생겼다. 기록지침은 800년 전 고대왕국이 멸망한 이후에 제작되었거나, 멸망할 것을 예측한 이들이 미리 제작했음을 알 수 있다.

One Piece L-file 8-10. 정리

기록지침은 Grand Line이 존재해야, 효과를 보는 도구이다.
Grand Line은 고대왕국이 800년 전에 멸망하면서 생겼다.
기록지침은 800년 전 고대왕국이 멸망한 뒤에 제작되었거나, 멸망할 것을 예측한 이들이 미리 제작했음을 알 수 있다.

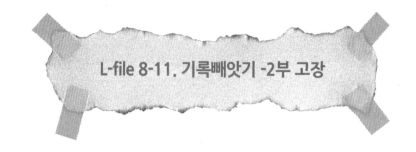

L-file 8-11. 기록빼앗기 -2부 고장

루피 일행은 기록을 한 번 빼앗기고 Sky Pia로 가게 된다. 작품에서 기록빼앗기는 한 번 등장하지만 숨겨진 두 번째 기록빼앗기가 존재한다. 숨겨진 두 번째 기록빼앗기에 대해서 알아보자.

1. 두번째 기록 빼앗기

기록지침은 자기 세기를 측정하는 도구이다. 가까이에서 측정할수록 더 크게 측정된다. 그리고 Sky Pia는 이동하는 하늘섬이다. 그래서 루피 일행의 근처로 이동한 Sky Pia에게 기록을 빼앗긴다. 이동한 Sky Pia의 자력 크기가 가을섬X(B1)보다 더 크기 때문이다. 그럼, 이것이 끝일까? 그렇지 않다. 반대되는 상황도 존재한다.

루피 일행의 기록지침은 Sky Pia(어퍼 야드)를 가리킨다. 그리고 Sky Pia는 이동하는 하늘섬이다. Sky Pia가 저 멀리 이동할 동안, 바다 위에 계속 있었다면 어떻게 될까? 기록지침은 주기적으로 기록하는 도구로써 기록지침은 새로운 기록을 시작한다. Sky Pia는 멀리 이동했다. 기록지침은 가을섬X(B1)와 Sky Pia 중에서 어떤 섬의 자기를 크다고 판단할까? Sky Pia일까?

가을섬X일까? 정답은 가을섬X이다. Sky Pia가 멀리 이동했으므로, 이번에는 가을섬X 더 가까워지기 때문이다. Sky Pia를 가리키는 기록지침은 가을섬X를 가리킨다. 기록빼앗기는 다시 한 번 더 일어난다.

이 두 번째 기록빼앗기는 루피 일행에게 일어나지 않았다. 그 이유는 새로운 기록이 시작되기 전, 항로를 이탈해 Sky Pia로 이동했기 때문이다

2. 고장

> 나미 : "말도 안 되는 소리야! 역시 '기록지침'이 고장 난 거야!"
> 로빈 : "'기록지침'만은 의심해선 안돼. 이건 철칙이야! …… 지침의 끝에는 반드시 섬이 있어." ~〈One Piece 24권 219화〉

알라바스타에서 출항한 루피 일행은 하늘에서 떨어지는 배를 목격한다. 그리고 기록지침은 하늘을 가리킨다. 로빈은 하늘섬에 기록을 빼앗겼다고 말하고, 나미는 말이 안 된다며 기록지침이 고장이 났다고 말한다. 하지만 로빈은 기록지침을 의심해선 안 된다면서, 하늘섬이 존재한다고 주장한다. 그 와중에 루피는 Sky Pia의 지도를 구해온다. 이제 루피 일행은 하늘섬에 대해, 더 이상 의심하지 않는다.

만약, 하늘에서 배가 떨어지지 않았다면 어떻게 되었을까? 단순히 기록지침만 하늘을 가리켰다면 루피 일행은 하늘섬이 존재한다고 확신할 수 있었을까? 혹은 루피가 지도를 발견하지 못했다면 어떻게 되었을까? 루피 일행은 하늘섬에 대해서 어떤 결론을 내렸을까?

일반적인 반응은 나미의 반응이다. 누구나 기록지침이 고장 났다고 생각하게 된다. 자야섬의 해적들은 하늘에서 떨어지는 배를 본적도 없고, Sky Pia의 지도도 본 적 없다. 단지, 하늘을 가리키는 기록지침만 봤다. 그래서 그들은 이렇게 말한다.

자야의 해적 : "'기록지침'은 분명히 하늘을 가리키고 있다고?! 우헷헷
······ '기록지침'이란 건 쉽게 고장 나는 거야."~〈One
Piece 24권 224화〉

Sky Pia는 자야섬 근처를 떠돈다. 자야의 해적들에게 기록빼앗기는 낯선
경험이 아니다. 한번쯤은 겪어본 경험이다. 바다 위의 섬을 가리키는 기록
지침이 갑자기 하늘을 가리킨다. 그리고 루피 일행처럼 하늘에서 배가 떨
어지는 광경도 목격하지 못했다. Sky Pia의 지도도 보지 못했다. 시간이 흘
러 기록지침은 다시 바다 위의 섬을 가리킨다. 그리고 하늘섬이 존재한다
고 믿기 힘들다. 자야의 해적들은 어떻게 생각할까? 기록빼앗기가 두 번이
나 일어났다고 생각할까? 아니면 기록지침이 잠시 고장 났다고 생각할까?
대부분 기록지침이 잠깐 고장 났다고 생각할 것이다. 자야의 해적들은 이
런 경험을 한번쯤은 겪어봤기에 기록지침이 쉽게 고장 난다고 말한다. 하
지만 실제로 기록지침은 잘 고장 나지 않는다. 기록지침은 자신의 원리를
충실하게 지켰을 뿐이다. 단지, 그 원리를 모르는 자야의 해적들이 오해했
을 뿐이다.

3. 기록지침과 라프텔 섬

1장과 2장을 통해, 기록지침은 자주 고장 나지 않음을 알 수 있다. 로빈이
주장한 하늘섬은 실제로 존재했으며, 기록지침이 반응한 이유(Sky Pia의 어퍼
야드)도 존재했다.

로빈 : "'기록지침'만은 의심해선 안 돼. 이건 철칙이야. 지침의 끝에는
반드시 섬이 있어."~〈One Piece 24권 219화〉

로빈이 언급한 철칙! 이는 반드시 지켜져야 하는 법칙임을 알 수 있다. 그리고 라프텔 섬도 예외가 아니다. 기록지침의 끝을 따라가면 라프텔 섬에 도착해야 한다. 그것만 없다면…….

One Piece L-file 8-11. 정리

기록지침은 자주 고장 나지 않는다.
기록빼앗기가 두번 연속해서 일어날 수 있다.
기록지침의 원리를 모르면, 두 번의 기록빼앗기를 기록지침의 고장으로 오인하게 된다.

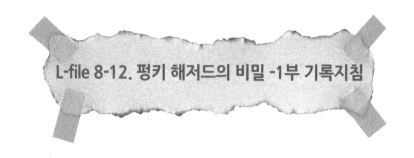

L-file 8-12. 펑키 해저드의 비밀 -1부 기록지침

이전 L-file을 통해, 기록지침은 자주 고장 나지 않음을 설명했다. 기록지침은 자기 크기에 반응하는 지침이다. Grand Line의 섬들은 각자의 자기를 가지고 있다. 그래서 기록지침은 Grand Line의 섬들을 가리킨다. 하지만 예외의 섬이 등장한다. 펑키 해저드(PH) 섬이다. 펑키 해저드는 자기를 가지고 있는 Grand Line의 섬이다. 사실은 펑키 해저드가 가지고 있는 다른 비밀들을 고려해 보면, 확실히 알 수 있다. 기록지침은 자기에 반응하므로 펑키 해저드 섬을 가리켜야 한다. 하지만 가리키지 않는다. 그 이유는 무엇일까? 이번 L-file을 통해 그 의문을 풀어보도록 하자.

1. 모순

나미 : "저 섬(펑키 해저드)은 지침 3개 중 어느 것도 가리키고 있지 않아."

로빈 : "이 섬(펑키 해저드)을 '기록지침'이 가리키지 않는다는 점도 걸리네."~〈One Piece 66권 655화〉

나미와 로빈을 통해, 이 사실을 언급한다. 이후에 로우가 등장하며 간접적으로 기록지침은 펑키 해저드 섬을 가리키지 않음을 설명한다.

로우 : "기록이 잡히지 않는 이 섬(펑키 해저드)에 오는 것만도 고생이었

어."~〈One Piece 67권 666화〉

세 명은 기록지침이 반응하지 않아 섬에 오기 힘들다고 말한다. 세 명의 증언을 보면, 이는 사실처럼 보인다. 하지만 그렇지 않다. 스모커는 도청 전 보벌레를 통해, 루피의 행선지를 알게 된다. 그 직후, 곧바로 펑키 해저드 섬으로 온다. 도플라밍고의 부하들은 로우를 처단하기 위해, 곧바로 펑키 해저드 섬으로 간다. 이는 도플라밍고 역시 마찬가지이다. 아오키지 역시 펑키 해저드 섬을 목표로 항해했고, 큰 어려움 없이 쉽게 섬에 도착한다.

기록지침이 펑키 해저드를 가리키지 않는다. 그래서 루피 일행과 로우는 어렵게 섬에 도착한다. 그런데 루피 일행과 로우와는 다르게 다른 이들은 쉽게 펑키 해저드에 도착한다. 그 이유는 무엇인가? 기록지침(리버스 기록지침, 영구지침)이 펑키 해저드를 가리키고 있기 때문이다. 즉, 기록지침은 펑키 해저드 섬을 가리키면서 가리키지 않는다. 이것이 모순이다.

2. 해답

모순의 실마리는 경로에 있다. 루피 일행은 불의 지역을 통해서 왔다. 마리조아에서 칠무해가 된 로우는 펑키 해저드 섬으로 온다. 로우는 루피 일행처럼 Grand Line을 순행하고, 불의 지역을 통해 섬에 도착했음을 간접적으로 짐작할 수 있다. 다른 이들은 어떤가? 스모커는 얼음 지역으로 왔다. 도플라밍고의 부하들은 얼음 지역으로 왔다. 도플라밍고도 얼음 지역으로 왔다. 아오키지 역시 마찬가지이다. 즉, 기록지침이 반응하지 않는다고 주장하는 이들은 불의 지역으로 왔고, 쉽게 섬에 온 이들은 모두 얼음 지역에서 왔다. 이것이 모순의 실마리이다.

기록지침은 자기의 크기를 측정하는 도구로, 자기에 영향을 받는다.

자석을 사면, 의례 주의사항이 적혀 있다. "불에 가하지 마시오." 자석을

불에 가하면 어떻게 될까? 자성(자기)이 사라진다. 이는 자기의 특징 때문이다. 자기는 특정 온도를 넘으면, 자기가 사라진다. 이를 발견한 과학자, 퀴리 부인의 이름을 따와, 이 특정 온도를 '퀴리온도'라고 부른다. 퀴리온도를 넘으면, 자성이 사라진다.

이제 펑키 해저드의 모순을 설명하자. 펑키 해저드 섬은 자기를 가지고 있다. 기록지침은 자기의 크기를 측정한다. 문제는 '불'이다. 불의 지역 쪽에서 자기를 측정한다고 가정해 보자. 자기를 측정하기도 전에, 불의 바다에서 자기가 사라져서 측정하지 못한다. 그래서 기록지침은 펑키 해저드 섬을 가리키지 못한다. 반대로 얼음 지역에서 측정한다고 가정해 보자. 얼음 지역은 불이 없어서 자기가 사라지지 않는다. 그래서 자기가 측정된다. 기록지침은 펑키 해저드 섬을 가리킨다. 루피와 로우는 불의 지역을 통해 왔기 때문에, 기록지침이 가리키지 않았고, 스모커, 도플라밍고, 아오키지는 얼음 지역을 통해 왔기 때문에, 기록지침이 가리킨다.

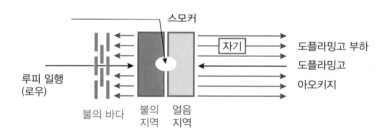

펑키 해저드 섬은 자기가 없는 섬이 아니라 자기가 있는 섬이다. 그리고 기록지침(영구지침, 리버스 기록지침)은 이 섬을 가리킨다. 다만, 불의 지역 쪽으로 올 경우, 불의 바다를 통해 자기가 사라지므로 기록지침이 반응하지 않는다. 자기가 없기 때문에 반응하지 않은 것이 아니라, 자기가 사라지므로 반응하지 못한 것이다. 이것이 펑키 해저드 섬에 숨겨진 여러 비밀 중, 가장 기본적으로 알아야 할 비밀이다. 나머지 비밀은 앞으로 차차 설명하도록 하자.

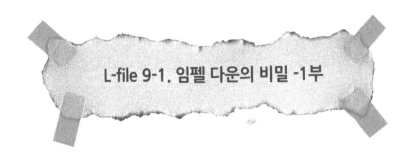

L-file 9-1. 임펠 다운의 비밀 -1부

세계 제일의 해저 대감옥! 임펠 다운! 임펠 다운은 캄 벨트에 있는 감옥이다. 이 임펠 다운을 탈옥한 이는 시키가 유일했다. 물론 루피에 의해 이 기록이 깨어지지만, 임펠 다운이 철혈의 요새임은 틀림이 없다. 이 임펠 다운에는 숨겨진 비밀들이 존재한다.

1. 비밀1 – 고대왕국의 영토

알비다 : "[임펠 다운]으로 오고 싶다고 한 건 너희들이잖아 …… 영구
지침까지 구해서 ……"~⟨One Piece 54권 525화⟩

영구지침은 섬에서 나오는 자기 성질을 이용한 도구이다. 영구지침이 존재한다는 것은 그 섬이 자기를 띄고 있다는 뜻이다. 그리고 자기를 띄고 있다면, 과거에 고대왕국의 영토였다는 의미가 된다.

자력을 가졌다면 고대왕국의 영토이다. 7개에 항로에 속해야만 고대왕국의 영토가 되는 것은 아니다. ~[L-file 8-4. 기록지침의 원리 –2부] 中

고대왕국의 영토는 자기를 가졌다. 따라서 자기를 띄고 있다면, 과거 고대왕국의 영토이다. 고대왕국의 대륙이동 과정에서 나누어져 Grand Line의 섬이 된다. 임펠 다운 역시 대륙이동 과정에서 떨어져 나간 고대왕국의 영

토이다. 이것이 임펠 다운의 첫 번째 비밀이다.

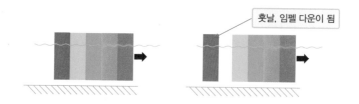

훗날, 임펠 다운이 됨

7항로에 속하지 않으면서도, 자기를 가진 섬이 있다(L-file 8-4). 로빈이 말한 알라바스타 근처의 섬도 여기에 해당된다. 임펠 다운 역시 이 섬과 마찬가지이다. 임펠 다운은 캄 벨트에 존재하는 섬으로, 7항로에 속하지 않지만 자기를 가지고 있다. 이 역시 과거 라프텔 고대왕국의 영토임을 알 수 있다.

2. 비밀2 - 임펠 다운 건설 과정

임펠 다운은 고대왕국 대륙에서 떨어져 나간 땅이다. 하지만 외관상 임펠 다운은 섬(땅)이 아니라, 건물처럼 보인다. 임펠 다운은 어떤 과정으로 감옥으로 건설된 것일까? 이 질문의 해답은 Level 5.5에 있던 이완코브의 대사로 알 수 있다.

> 이완코브 : "먼 옛날 유폐된 수인이 '동굴파기'의 능력자였는데, 커~~
> 다란 바위에 구멍을 판 개미집 같은 장소. 여긴[Level
> 5.5]……"~〈One Piece 55권 538화〉

Level 5.5는 바위를 파서 만든 공간을 가리킨다. 이와 같은 일이 전에도 있었다. 더 대규모의 일이 일어났다. 바다로 떨어진 고대왕국의 영토를 파서 건물처럼 만든다. 그 건물이 임펠 다운이다. 그래서 7항로에 속하지 않는 캄 벨트에 임펠 다운이 위치한다.

 그렇게 완성된 섬을 건물처럼 외벽을 만들었을 뿐이다. 섬의 외곽을 건축 자재로 둘렀을 뿐이다. 임펠 다운은 섬을 파서 만든 감옥으로 자력을 가졌고, 영구지침이 존재한다. 이것이 임펠 다운의 두 번째 비밀이다.

One Piece L-file 9−1. 정리

임펠 다운의 비밀 1. 고대왕국의 영토이다.
임펠 다운의 비밀 2. 땅을 파서, 건물처럼 만들었다.
임펠 다운의 비밀 3부터…… 2부로.[Part Six L-file. 임펠 다운의 비밀 −2부]

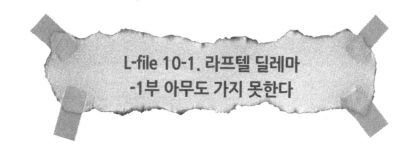

L-file 10-1. 라프텔 딜레마
-1부 아무도 가지 못한다

One Piece 작품에서 라프텔 섬과 관계된 딜레마는 2개 존재한다. 첫 번째 딜레마는 라프텔 딜레마이다. 아무도 라프텔 섬에 가지 못했지만, 로저는 갔다. 그리고 앞으로 루피 역시 가야 하는데 이는 딜레마이다. 즉, 라프텔 섬은 갈 수 없는 장소이면서, 갈 수 있는 장소가 되어야 한다. 이것이 라프텔 딜레마이다. 이 딜레마를 풀어본다.

1. 아무도 가지 못하는 이유

크로커스 : "이 바다에서는 '기록지침'이 나타내는 자기의 기록만이 유일한 길이다."~〈One Piece 12권 105화〉

라프텔 딜레마의 실마리는 기록지침에 있다. 그래서 지금까지 기록지침의 원리를 자세하게 추측한 것이다(L-file 8). 루피 일행은 나침반을 이용해 East Blue를 항해하지만, Grand Line부터 나침반으로 항해할 수 없게 된다. 크로커스는 기록지침으로 항해하는 방법이 유일한 방법이라 설명한다. 실제로 루피 일행은 기록지침(영구지침)에 기대어 항해했다. 이것이 라프텔 딜레마에 대한 단서이다. 유일하다는 점이 힌트이다.

유일한 방법인 기록지침으로 더 이상 항해할 수 없다면, 어떻게 될까?

좌대신 : "항해 중 완전히 그 자기를 놓치는 섬까지 있는 게지."

나미 : "엑? 그럼 섬에 도달하지 못하는데!"~〈One Piece 66권 653화〉

답은 간단하다. 항해할 수 없다. 다음 섬에 갈 수 없다. 어인섬에서는 이 문제를 해결하기 위해 새로운 기록지침이 등장한다. 3개의 섬을 기록하는 후반부 기록지침이다. 후반부 기록지침은 선택할 수 있는 섬을 1개에서 3개로 늘림으로써, 문제를 해결했다. 이 후반부 기록지침은 원리적인 측면에서 볼 때, 기존의 기록지침과 크게 다른 것이 아니다(L-file 8-6).

라프텔 섬 근처에서, 전반부 기록지침도, 후반부 기록지침도, 영구지침도 사용할 수 없다면 어떻게 될까? 새로운 지침이 등장하더라도 그 지침조차 사용할 수 없다면 어떻게 될까? 모든 지침을 사용할 수 없다면 어떻게 될까? 라프텔 섬에 도착할 수 있을까? 답은 "갈 수 없다"이다. 이제 라프텔 섬은 아무도 가지 못하고, 그 존재도 확인하지 못하는 전설의 섬이 된다.

세계정부는 해루석 배로 캄 벨트를 횡단할 수 있어 곧바로 Grand Line 후반부로 갈 수 있지만, 그 뿐이다. 라프텔 섬 부근에서는 모든 지침을 사용할 수 없다. 여전히 세계정부는 라프텔 섬에 가지 못한다. 해루석 배를 이용해도 라프텔 섬에 갈 수 없다.

이제 "리버스 마운틴에서 반대쪽으로 가면, 라프텔에 갈 수 있지 않을까?"하는 의문도 풀리게 된다. 반대로 가더라도 기록지침은 라프텔 섬을 가리키지 않기 때문에 반대로 가더라도 라프텔 섬에 갈 수 없다. 오히려 라프텔 섬의 자연환경 때문에, 더욱 더 위험할 뿐이다. 라프텔 섬의 자연환경은 [L-file 10-2. 라프텔 섬]에서 설명하자.

2. 기록지침의 법칙

1장에서, 라프텔 섬 근처에서 기록지침을 더 이상 사용할 수 없음을 설명했다. 그래서 라프텔 섬에 아무도 가지 못한다. 하지만 이는 기록지침의 법칙과 상반되는 설명이다(L-file 8-11).

> 로빈 : "'기록지침'만은 의심해선 안 돼. 이건 철칙이야. 지침의 끝에는
> 반드시 섬이 있어."~〈One Piece 24권 219화〉

Grand Line에서 적용되는 기록지침의 법칙을 로빈은 알려주었다. 그리고 이 법칙은 사실임이 밝혀졌다. 기록지침은 하늘을 가리키고, 그 곳에는 Sky Pia(어퍼 야드)가 있었다. 기록지침은 바다를 가리키고, 그 곳에는 심해의 어인섬이 있었다.

- "그 기록지침의 끝에는 반드시 섬이 있다!" -

이 법칙은 라프텔 섬에도 적용되어야 한다. 라프텔 섬은 고대왕국의 중심부이며, 자력이 가장 강한 지역이다. 라프텔 섬은 가장 자기가 큰 섬이다. 기록지침은 자기가 큰 섬을 가리키므로, 기록지침은 최종적으로 라프텔 섬을 가리켜야 한다.

3. 모순

1장에서 기록지침은 라프텔 섬을 가리키지 못한다고 설명했다.
2장에서 기록지침은 라프텔 섬을 가리켜야 한다고 설명했다.
이 두 설명은 반대되는 것처럼 보일 것이다. 하지만 반대되는 설명이 아

니다. 기록지침은 라프텔 섬을 가리키려 하지만 결과적으로 가리키지 못한다. 능력이 부족할 뿐이다. 단지 그뿐이다. 가리키려 하지만, 결과적으로 가리키지 못한다.

이와 동일한 상황이 작품에서 이미 등장한 적이 있다. 루피 일행은 리버스 마운틴에 도착한다. 나미는 빙글빙글 돌고 있는 나침반을 보게 된다. 나침반은 "북극을 가리킨다"는 철칙(법칙)을 가진 도구이다. 나침반은 빙글빙글 돌고 있다. 그럼, 나침반은 철칙을 어긴 것일까? 그렇지 않다. 단지, Grand Line의 자기 이상으로 북극을 가리키지 못했을 뿐이다. 즉, 나침반은 북쪽을 가리키려 하지만, 결과적으로 가리키지 못한 것이다.

나미 : "나침반이 고장 났어. 방향이 안 잡혀."
크로커스: "그 나침반은 고장 난 것이 아니야. 항로 전역에 자기 이상을
　　　　 초래하고 있지."~〈One Piece 12권 105화〉

기록지침 역시 나침반과 동일하다. 나침반은 북쪽을 가리키려 하지만, 자기 이상으로 북쪽을 가리키지 못한다. 마찬가지로 기록지침은 라프텔을 가리키려 하지만, 라프텔의 그것 때문에 라프텔 섬을 가리키지 못한다. 나침반처럼 기록지침은 빙글빙글 돌아갈 뿐이다. 이로써 기록지침의 법칙을 지키며, 라프텔 섬을 가리키지 못하는 상황이 존재할 수 있다. 이제 라프텔 섬에 존재하는 그것의 정체를 알아본다.

4. 그것

라프텔 섬의 특징을 정리해 보면, 고대왕국의 중심부이고 자력이 가장 강한 지역으로, 기록지침이 빙글빙글 돌게 만든다. 현실에서 이러한 특징을 가진 대상을 찾아보자. 이 특징들을 모두 만족하는 대상이 있다. 바로 태양

이다. 태양은 태양계의 중심으로 아주 강한 자기를 가졌고 기록지침을 돌게 만드는 현상이 존재한다. 태양의 자기폭풍이다.

아주 작은 물질이 태양에서 나와 우주로 퍼진다. 이 물질과 지구의 자기장은 부딪친다. 그 때문에 지구의 자기장은 흔들거린다. 그래서 자기장을 이용한 무전기는 혼선이 되며, 자기장을 이용한 나침반은 빙글빙글 돌게 된다. 기록지침은 어떻게 될까? 기록지침 역시 나침반처럼 자기장을 이용한 지침으로 빙글빙글 돌게 된다. 영구지침도 마찬가지로 빙글빙글 돌게 된다. 자기장을 이용한 것이 지침이므로, 어떤 지침이라도 모두 빙글빙글 돌게 된다. 새로운 지침이 나오더라도 빙글빙글 돌게 된다. 이러한 현상을 태양의 자기폭풍이라 부른다.

자기폭풍이 일어나는 이유는 태양의 강력한 자기 때문이다. 실제로 태양은 강력한 자기를 가지고 있다. 지구의 수백 배에 해당되는 자기를 가졌다. 또한 태양의 자기는 수시로 변한다. 그래서 자기 세기를 측정하기 힘들다. 태양의 자기가 수시로 변하면서 생기는 것이 흑점이다. 태양의 자기장 때문에 생기는 흑점의 크기와 수가 변한다. 태양의 자기장은 수시로 변화고, 그 때문에 자기폭풍이 일어난다.

라프텔 섬에서 자기폭풍이 일어난다면, 어떻게 될까? 자기장이 불안정해지므로, 기록지침도, 영구지침도, 나침반도 모두 빙글빙글 돌게 된다. 새로운 지침이 등장하더라도 빙글빙글 돌게 된다. 지침이 1개가 있든, 100개가 있더라도 모든 지침은 빙글빙글 돌게 된다. 어떠한 지침도 라프텔 섬을 가리키지 못한다. 기록지침을 따라 항해하는 방법이 유일하다. 그 유일한 방법을 더 이상 사용할 수 없다. 따라서 아무도 라프텔 섬에 가지 못한다.

5. 라프텔 딜레마 -1부 아무도 가지 못한다.

기록지침에 의지해, Grand Line를 항해한다. 그 방법이 유일하다고 한다.

라프텔 섬은 자기가 너무 강한 나머지, 태양처럼 자기폭풍을 일으킨다. 그 때문에 자기장이 불안정하게 변한다. 기록지침은 자기장의 세기를 측정하는 도구이다. 자기장이 불안정하므로, 기록지침은 자기장의 세기를 측정하지 못하고 빙글빙글 돌게 된다. 더 이상 기록지침은 다음 섬을 가리키지 못하고 더 이상 항해할 수 없어, 아무도 라프텔 섬에 가지 못한다. 라프텔 섬은 전설의 섬이 된다. 이로써 라프텔 딜레마의 반쪽이 완성되었다.

- 라프텔 딜레마 -1부 아무도 가지 못한다 -끝-

One Piece L-file 10-1. 정리

라프텔 섬은 자기가 너무나도 강해, 자기폭풍이 일어난다.
자기폭풍 때문에, 기록지침은 자기 세기를 측정하지 못한다. 모든 지침은 회전하게 된다.
더 이상 지침으로 항해할 수 없다. 따라서 라프텔 섬에 아무도 가지 못한다.

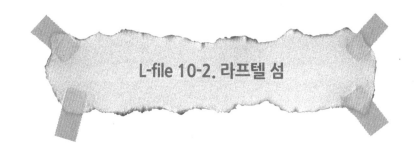

L-file 10-2. 라프텔 섬

1. 죽음의 라프텔

라프텔 섬 부근에서는 자기폭풍이 일어난다(L-file 10-1). 그래서 유일한 지표인 기록지침으로 항해할 수 없다. 이러한 조건에서 자연환경마저 혹독하다면 어떻게 될까?

해류는 어떻게 변할지 예측할 수 없고, 혹독한 자연환경이 존재하며, 수시로 변한다. 그리고 라프텔 섬 근처에서 지금까지와 비교할 수 없는 강력한 해왕류가 등장하며, 사방에는 무서운 적들(해적)이 존재한다. 또한, 라프텔에 가는 것을 저지하는 세계정부 세력도 있다. 이런 상황에서 어디로 가야할 지도, 얼마나 항해해야 할지, 목적지의 방향조차 모른다면, 어떻게 될까? 그 답은 간단하다. 죽음이다.

크로커스 : "해류와 바람은 전혀 예측할 수 없다. 아무것도 모르고, 바다에 나가면 확실하게 죽는다."
나미 : "하긴! 위치를 확인할 방법이 없으면 절망적이네."~⟨One Piece 12권 105화⟩

뛰어난 항해사인 나미조차 포기하게 만드는 상황이 벌어진다. 그런 상황이 일어나는 장소가 바로 라프텔 섬이다. 라프텔 섬으로 가는 항로는 죽음을 부르는 항로라 할 수 있다.

2. 라프텔 섬

라프텔 섬 부근에서는 자기폭풍이 일어난다. 자기폭풍이 일어나면 모든 지침이 회전하며, 무선통신을 사용할 수 없고 혼선이 일어난다. One Piece 에서는 전보벌레가 무선통신의 역할을 하고 있다. 따라서 라프텔 섬 주변에 서는 전보벌레도 사용하지 못할 수 있다.

자기폭풍이 일어나면 그 주변에서 오로라[36) 현상이 일어나는데, 라프텔 섬 부근에서는 멋진 오로라가 배경으로 등장할 수 있다. 그리고 이 오로라 와 관련된 전설이나 설화가 One Piece에서 등장할 것으로 예상된다.

더 재미있는 사실이 있다. 오로라가 보이는 대표적인 장소가 북부 유럽지 역으로 해적과 매우 관련 깊다. 바로 해적 바이킹이 활약하던 무대가 북부

---

36) 오로라(aurora) : 태양의 자기폭풍으로 일어나는 현상으로 빛의 장막. 녹색, 황록색, 적 색, 황색, 청색, 보라색으로 이루어진다. 라틴어로 새벽을 의미하고 로마 신화에 나오는 여명의 신 아우로라(Aurora)에서 유래하였다.

유럽이다. One Piece의 마지막 섬, 라프텔 섬 부근에서는 바이킹과 관련된 소재가 등장할지도 모른다. 해적왕이 되는 장소! Grand Line의 마지막 섬! 라프텔 섬에서 가장 유명한 해적, 바이킹과 관련된 이야기가 전개될 것으로 짐작된다.

3. 전설

필자가 알고 있는 오로라 전설과 바이킹 전설을 간단히 얘기하자.

핀란드 동북부에서는 오로라를 '불의 여우'로 부른다. 이 여우를 잡으면 부자가 된다고 전해진다. 불의 여우로 만든 모피에서 뜨거운 빛이 뿜어져 나오며, 이 빛이 오로라가 된다는 전설이다. 사금 채취꾼들 사이에서는 오로라가 금광맥에서 나오는 빛이라는 전설이 있다.

어치 전설도 존재한다. 어치가 쉬지 않고 하늘을 날아다녀 오로라가 생겼다는 전설로 어치가 쉬지 않고 하늘을 날 때, 오로라와 비슷한 풍경을 연출하기 때문이다.

어떤 종족은 영혼이 있는 증거로 오로라를 내세운다. 오로라가 횃불을 들어, 방황하는 영혼을 안내한다고 믿고 있다.

여신에 대한 전설도 있다. 오로라는 매우 아름다운 풍경을 선사한다. 그래서 이 오로라를 여신의 옷, 신체에 비유한 전설도 존재한다. 14세기 초, 프랑스의 한 남성은 북유럽의 오라라를 목격하고, 그 아름다움에 빠져, 평생을 그 자리에서 살다 생을 마감했다고 한다.

여신이 아니라, 오딘의 화신이라 생각한 이들도 존재했었다. 오딘은 바이킹이 숭배하던 신 중에서 가장 최고의 신이다. 이 오딘의 관한 이야기가 라프텔 섬 주변에서 등장하지 않을까? 이 같은 전설을 응용해서, 라프텔 섬의 에피소드와 자연환경에 등장할 수 있다. 불의 여우는 보물 모험, 여인 전설은 상디와 관련되어 등장할지도 모른다.

라프텔 섬은 자기폭풍을 일으키는 섬이다. 자기폭풍이 일어나면 오로라가 생긴다. 오로라가 보이는 북부 유럽지역은 해적 바이킹이 활약하던 지역이다. 라프텔 섬 Episode에서는 오로라 전설, 바이킹 전설이 응용되어서 등장할 수도 있다.

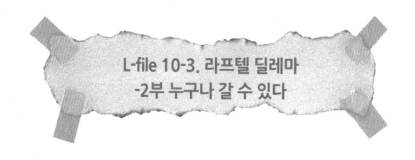

L-file 10-3. 라프텔 딜레마
-2부 누구나 갈 수 있다

라프텔 딜레마의 반쪽을 설명했다(L-file 10-1). 이제 남은 반쪽도 설명해 본다. 유일한 지표인 기록지침을 사용할 수 없다. 이는 로저와 루피에게도 동일하다. 하지만 로저는 라프텔 섬에 도착했고, 루피는 앞으로 도착할 것이다. 어떻게 이것이 가능한 것일까?

1. 골.D.로저의 방법

쉽게 예상할 수 있듯이, 골.D.로저가 라프텔 섬에 도달할 수 있었던 이유는 "만물의 소리를 듣는 능력"을 가졌기 때문이다.

> 크로커스 : "이 바다에서는 '기록지침'이 나타내는 자기의 기록만이 유일한 길이다."~〈One Piece 12권 105화〉

라프텔 섬에 가지 못하는 이유는 간단하다. 기록지침이라는 유일한 지표를 사용할 수 없기 때문이다. 그래서 가지 못한다. 사실 기록지침이 유일한 지표라는 크로커스의 말은 거짓이다. 틀렸다. 사실이 아니다. 유일한 지표가 아니다. One Piece에서는 숨겨진 지표가 존재한다. 숨겨진 지표를 이용한다면, 라프텔 섬에 갈 수 있다. 로저는 이 숨겨진 지표를 이용해서, 라프텔 섬에 갔다.

기억을 떠올려 보자. 루피 일행은 기록지침이 반응하지 않는 어떤 장소로 항해한 적이 있다. 그 장소는 자기가 없어 기록지침을 사용할 수 없다. 즉, 유일한 지표인 기록지침을 이용할 수 없다. 기록지침이 유일한 지표라면, 그곳에 갈 수 없어야 한다. 하지만 루피 일행은 정확히 그 장소에 도착한다. 그 장소는 녹-업-스트림이 일어나는 자야의 남쪽 바다이다.

크리켓 : "내일 갈 녹-업-스트림. 그건 이곳에서 정남쪽에 위치해 있다. …… 어떻게 가지?"

나미 : "목표할 대상이 섬이 아니라 바다니까! 기대 지침이 없는 거야! …… 어떻게 하지?"~〈One Piece 25권 230화〉

자야의 남쪽 바다는 섬이 아닌, 바다로 자기가 없어 기록지침이 반응하지 않는다. 기록지침이 유일한 지표라면, 루피 일행은 자야의 남쪽 바다에 갈 수 없어야 한다. 하지만 기록지침은 유일한 지표가 아니며, 숨겨진 지표가 존재한다. 바로 동물이다. 사우스 버드는 항상 남쪽을 보는 자야에서 서식하는 기묘한 새이다. 이 새를 이용해 루피 일행은 자야의 남쪽 바다를 향해 항해했다. 그래서 녹-업-스트림을 타고 하늘섬, Sky Pia로 갈 수 있었다.

기록지침 없이 도착한 장소는 자야의 남쪽 바다만이 아니다. 어인섬에 가기 위해서 코팅이 필요하다. 그래서 샤본디 제도로 가게 된다. 샤본디 제도는 나무로 이루어진 섬으로 자기가 없어 기록지침이 반응하지 않는다. 이 경우에도 루피 일행은 기록지침 없이, 샤본디 제도로 간다. 이때, 역시 루피 일행은 동물의 도움으로 샤본디 제도로 갔다.

파파구 : "일단 서쪽으로 가자! 나머지는 물고기들한테 물어보면 알겠지."

루피 일행 : "[물고기들이] 파도에 화살표를 그려주고 있어."~〈One Piece 50권 491화〉

파파구[37]와 케이미의 도움으로, 루피 일행은 물고기에게서 방향을 알게 된다. 그래서 기록지침의 도움 없이, 샤본디 제도에 도착할 수 있었다. 이처럼 기록지침이 유일한 지표라는 크로커스의 말은 거짓임을 알 수 있다. 기록지침만이 유일한 지표가 아니라, 동물이라는 숨겨진 지표가 존재한다.

로저에게는 "만물의 소리를 듣는 능력"이 있다. 동물도 만물에 포함된다. 즉, 동물의 소리를 듣고, 이를 이용한다면, 방위를 알 수 있다. 이제 로저는 라프텔 섬을 찾아 떠날 수 있다. 최저한의 조건을 충족시켰기 때문이다.

2. 몽키.D.루피의 방법

동물을 이용하면, 라프텔 섬에 갈 수 있다. 이는 루피 역시 마찬가지이다. 동물을 이용하는 다양한 방법이 등장할 수 있다. 초파는 루피 일행에 포함된 유일한 동물(너구리[38], 순록)이다. 하지만 초파는 자력을 감지하는 동물이 아니다. 방위를 알지 못한다. 그래서 자야에서 사우스 버드를 구했다.

1) 초파의 통역

초파(순록)는 자력을 느끼는 동물이 아니고 다른 동물들과 대화할 수 있다. 라프텔 부근에서 자력을 감지하는 동물이 등장하고, 초파가 그 동물과 대화할 수 있다면, 루피 일행은 동물이라는 지표를 이용할 수 있게 된다. 초파가 방위를 감지하는 사우스 버드와 대화했음을 상기하면, 쉽게 이해가 될 것이다.

---

37) 파파구 : 인간처럼 말을 하는 불가사리. 하치의 표지연재에서 출연. 날치 라이더즈, 샤본디, 어인섬에 등장.

38) ~~One Piece 최대의 비밀, 초파는 너구리다!~~

2) 테이머 동료

초파는 모든 동물과 대화할 수 있는 것이 아니다. 초파는 사우스 버드와 대화를 했지만, 물고기와는 대화하지 못한다. 샤본디 제도로 가기 위해, 물고기의 도움을 받았다. 이때 물고기와 대화한 이는 초파가 아니라, 케이미(인어)이다. 초파는 물고기와 대화할 수 없다.

라프텔 부근에서 자기를 탐지하는 동물이 등장한다. 이 동물과 초파가 대화할 수 없다면, 루피 일행에게 다른 방법이 필요하다. 그 방법은 동물들과 대화할 수 있는 테이머를 동료로 받아들이는 것이다.

3) 수인족(어인족 등) 동료

테이머가 아니어도 괜찮은데 중요한 것은 동물과 대화할 수 있어야 한다는 점이다. 테이머가 아니라, 수인족이 동료로 들어올 수 있다. 수인족은 동물의 특징을 지닌 인간이므로, 충분히 동물들과 대화할 수 있다. 수인족 동료의 도움으로 라프텔 섬에 갈 수도 있다.

어쩌면 수인족 동료가 자기를 탐지하는 동물일 수도 있다. 자기를 탐지하는 동물로는 철새, 꿀벌, 달팽이, 상어, 돌고래, 바다거북, 도롱뇽, 참치, 불개미, 박쥐, 비둘기, 연어, 물고기, 서양 뱀장어, 흰개미, 딱따구리, 원숭이, 자기 박테리아, 바닷가재, 거북이, 두더지 등이 있다. 여기에 해당되는 수인족이 동료로 합류할 수 있다.

4) 동물계 능력자

동물계 능력자는 동물의 특징을 가진다. 따라서 자력을 탐지하는 동물로 변할 수 있다면, 자력을 탐지할 수 있을지도 모른다. 동물계 능력자가 동료로 들어 올 수도 있다. 혹은, 기존의 동료가 동물계 열매를 먹게 되는 쪽으로 진행될 수도 있다. 중요한 것은 자력을 탐지하는 동물적 요소가 루피 일행에 합류된다는 점이다.

5) 만물의 소리를 듣는 능력

루피는 로저가 아니고, 로저는 루피가 아니다. 로저와 같은 방법으로 루피 일행은 라프텔 섬에 가지 않는다. 로저와는 다른 방법으로 루피 일행은 갈 것으로 예상된다. 그래서 위에서 다양한 방법을 제시한 것이다. 이 부분에서 의문을 제기할 수 있다.

> 해왕류 : "저 모자 쓴 인간. 우리 목소리를 알아차렸어. 얼마 전에도 이런 일이 있었는데."
> 로저 : "레일리! 들렸나. 방금 목소리 누구냐! 이런 해저에서 이야기를 나누고 있는 게!"~〈One Piece 66권 648화〉

로저는 해왕류의 목소리를 들었고, 루피도 해왕류의 목소리를 들었다. 두 사건 모두 '만물의 소리를 듣는 능력' 때문에 일어난 일이다. 이는 사실이다. 하지만 루피는 로저의 방법으로 라프텔 섬에 가지 않고 다른 방법으로 간다. 괴상한 궤변처럼 들리겠지만 사실 그렇지 않다. 루피와 로저의 차이점 때문이다. 이 괴상함의 해답은 '만물의 소리를 듣는 능력'에 있다. 자세한 이야기는 추후 다른 Part에서 그 정체를 설명한 뒤, 필자의 괴상한 궤변을 설명하도록 하자.

3. 라프텔 섬의 위치

동물을 이용해 방위를 알 수 있다. 그럼, 라프텔 섬에 도착할 수 있을까? 아쉽게도 그것만으로도 불가능하다. 다시 자야의 남쪽 바다와 샤본디 제도로 가는 경위를 떠올려 보면, 목적지로 가기 전 목적지가 어디에 위치하고 있는지 미리 알고 있었다. 그래서 자야의 남쪽 바다와 샤본디 제도로 갈 수 있었다.

크리켓 : "내일 갈 녹-업-스트림. 그건 이곳에서 정남쪽에 위치해 있
　　　다."~〈One Piece 25권 230화〉

파파구 : "일단 서쪽으로 가자. 나머지는 물고기들한테 물어보면 알겠
　　　지."~〈One Piece 50권 491화〉

자야의 경우는 크리켓이 녹-업-스트림이 일어나는 장소를 알려주었고,
샤본디 제도의 위치는 파파구와 케이미가 알려주었다. 그 후에 동물을 이용
해 방위를 알았고, 해당되는 방향으로 항해를 한다. 라프텔 섬도 마찬가지
로 섬이 어디에 위치하고 있는지, 그 정보를 구한 후에 동물을 이용해, 방위
를 알아야만 도착할 수 있다. 라프텔 섬의 위치에 대한 정보는 앞으로 등장
할 것이다. 아마 그 과정에서 로저의 흔적이 다시 등장할 것으로 예상된다.

4. 라프텔 딜레마 –2부 누구나 갈 수 있다.

라프텔 섬에는 누구나 갈 수 있다. 해적왕이라서 갈 수 있는 것이 아니다.
해적왕은 라프텔 섬에 간 해적을 부르는 칭호이지, 갈 해적을 부르는 칭호
가 아니다. 골.D.로저는 라프텔 섬에 갔기 때문에 해적왕이 된 것이다. 해적
왕이 되어서 라프텔 섬에 간 것이 아니다.

상디 : "바다를 제패한 다음엔……?"
레일리 : "그때부터지. 로저는 세상 사람들로부터 '해적왕'으로 불리게
　　　됐어."~〈One Piece 52권 506화〉

로저는 라프텔 섬에 도착한다. 이로써 Grand Line를 제패하게 된다. 그 후
에 해적왕으로 불린다. 라프텔 섬에 도착하기 전에는 사람들은 로저를 해적

왕이라 부르지 않았다. 해적왕이 되어야 라프텔 섬에 갈 수 있는 것이 아니다. 루피도 해적왕이 되어서 라프텔 섬에 가는 것이 아니라, 라프텔 섬에 간 뒤에 해적왕이 된다.

D일족만이 라프텔 섬에 갈 수 있는 것도 아니다. 누구나 갈 수 있다. 이는 로저의 행동으로 알 수 있다.

로저 : "라프텔에 가는 길이나 가르쳐 줄까?"
흰수염 : "들어봐야 안 간다. 관심 없어서."~〈One Piece 59권 576화〉

흰수염[39]의 이름은 에드워드 뉴게이트이다. 흰수염은 D일족이 아니다. 로저는 D일족이 아닌 흰수염에게도 라프텔로 가는 방법을 알려주려고 했다. 실제로 라프텔 섬에 가는 방법은 D일족만 가능한 것이 아니다. 라프텔 섬 위치에 대한 정보를 구하고, 동물을 이용해 항해하면 된다. D일족만 가능한 방법이 아니라 라프텔 섬은 누구나 갈 수 있게 열려있다.

라프텔 섬 근처까지 도달한 사람은 극소수에 불과하다. 라프텔 섬 부근에는 자기폭풍으로 기록지침을 사용할 수 없다. 새로운 지표인 동물을 찾아야 한다. 또 라프텔 섬이 있는 위치에 대한 정보도 구해야 한다. 이 조건을 모두 만족한 이들은 얼마나 될까? 더구나 이 조건을 만족한다고 무조건 도착하는 것도 아니다. 라프텔 섬에 가기 위해 적들을 물리치고, 강력한 해왕류를 통과하고, 혹독한 자연환경과 라프텔 섬의 강력한 자기폭풍을 이겨내야 도착할 수 있다.

라프텔 섬의 위치를 알고, 동물을 이용한 방위로 항해를 한다. 혹독한 자연환경과 거대한 해왕류, 수많은 적들을 물리치고 도착할 수 있는 곳이 라프텔 섬이다. 그곳에 도착한 이는 역사상 로저가 유일했다. 그래서 사람들

---

39) 흰수염 : 과거 로저의 라이벌. 과거 사황의 일인. 에이스의 두목. 가족을 소중히 하는 해적이다. 현재 사망했다.

은 경의를 담아, 로저를 해적왕이라 부른다.

라프텔 섬은 누구나 갈 수 있다. 단지, 그 가능성만 있을 뿐이다. 실제로 도착한 이는 역사상 로저만이 유일했다. 이 L-file을 통해, 라프텔 섬에 도착하는 방법을 설명했다. 이로써 라프텔 딜레마의 남은 반쪽도 완성되었다.

지침을 사용해서는 아무도 가지 못함을 설명했다(L-file 10-1).

동물을 이용한다면 누구나 갈 수 있음을 설명했다(L-file 10-3).

라프텔 섬은 아무도 가지 못하는 장소이면서, 누구나 갈 수 있는 장소가 된다. 첫 번째 라프텔 딜레마는 이렇게 풀린다.

- 라프텔 딜레마 -2부 누구나 갈 수 있다 -끝-

One Piece L-file 10-3. 정리

라프텔 섬이 있는 위치를 구한다(로저의 발자취, 포네그리프).

One Piece에서 방위를 감지하는 동물들이 있다. 이를 활용하면 방위를 알 수 있다.

이제 라프텔 섬으로 출항할 수 있다.

해적, 세계정부, 해류, 이상기후, 해왕류, 자기폭풍을 이겨내면 라프텔 섬에 도착할 수 있다.

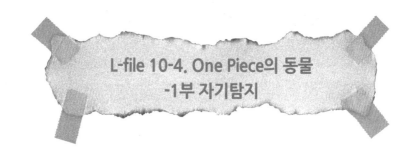

L-file 10-4. One Piece의 동물
-1부 자기탐지

1. 사우스 버드와 물고기

라프텔 섬에 가는 방법은 동물을 이용하는 방법이다. One Piece의 동물
은 자기를 탐지할 수 있다. 그 대표적인 예가 사우스 버드이다.

> 크리켓 : "어떤 종류의 동물은 몸속에 정확한 자석을 ······ 자신의 위치
> 를 파악한다고 하지."
> 나미 : "비둘기나 연어는 그런 능력이 있다는 소린 들어본 적 있어요."
> ~〈One Piece 25권 230화〉

동물들이 자기를 탐지한다는 사실은 과학적으로 증명된 사실이다. 철새
들은 체내에 정밀한 나침반을 가지고 있고, 이를 이용해 이동한다는 사실은
이미 1970년대에 증명되었다. One Piece의 사우스 버드는 이런 사실을 바
탕으로 설정된 새라 할 수 있다.

> 파파구 : "일단 서쪽으로 가자! 나머지는 물고기들한테 물어보면 알겠
> 지."
> 루피 일행 : "[물고기들이] 파도에 화살표를 그려주고 있어."
> ~〈One Piece 50권 491화〉

나미는 크리켓과의 대화에서, 연어를 언급했다. 특정한 물고기는 자기를 탐지할 수 있다. 그리고 이는 샤본디 제도 근처에서 증명된다. 루피 일행은 물고기를 이용해 샤본디 제도까지 항해한다. 특정한 물고기 역시 자기를 탐지하는데 이 역시 철새처럼 과학적으로 증명된 사실을 바탕으로 하고 있다.

2. 전보벌레

자기를 탐지하는 동물로는 철새,⋯ 달팽이, ⋯ 박쥐, 비둘기, 연어, 물고기⋯ 등이 있다. ~[L-file 10-3. 라프텔 딜레마 -2부 누구나 갈 수 있다] 中

달팽이 역시 자기를 탐지하는 동물이다. One Piece에서 달팽이는 전보벌레로 등장하며, 무선통신 역할을 맡고 있다. 무전기는 지구의 자기장을 이용해 음성을 주고받는 도구로, 전보벌레(달팽이) 역시 자기장을 이용해, 음성을 주고받는 것이 아닐까? 자기장을 이용한다고 추측해도 문제가 없을 것이다.

단지, 전보벌레의 종류마다 자기장을 이용하는 방식이 조금씩 다르다고 할 수 있다.

아기 전보벌레(꼬마 전보벌레)는 근거리에서만 통신할 수 있어 해외에 있는 전보벌레와는 통신하지 못한다. 루피는 펑크 해저드 부근에서 아기 전보벌레를 통해, 구조 요청을 듣는데 루피 일행은 아기 전보벌레로 통신할 수 있을 정도로 펑크 해저드와 가까이 있었음을 알 수 있다.

보통의 전보벌레는 멀리 있는 전보벌레와도 통신할 수 있다. 아기 전보벌레보다 더 크기 때문에, 다룰 수 있는 자기장의 영역도 넓다고 볼 수 있다. 보통의 전보벌레보다 더 큰 전보벌레는 어떨까? 더 큰 만큼, 다룰 수 있는 자기장도 더 클 것이다.

거대한 전보벌레는 임펠 다운과 〈Strong World〉에서 등장했었다. 임펠 다운에서 버기는 탈옥을 시도한다. 〈One Piece 54권 526화〉에서 임펠 다운의 모니터 실에서 버기의 행적을 확인하는 장면이 나온다. 그 장면에서 거대한 전보벌레가 등장한다. 이 전보벌레는 〈One Piece 55권 538화〉의 Lv.5.5에서도 다시 등장한다. 그리고 〈Strong World〉에서 시키는 거대한 전보벌레를 이용해 주민들을 감시한다. 결국, 시키는 거대한 전보벌레를 통해, 루피 일행을 보게 된다. 〈One Piece 68권 675화〉 펑크 해저드에서도 다시 등장한다. 이처럼 거대한 전보벌레는 음성만이 아니라, 영상까지 자기장을 통해 주고받을 수 있다. 체형이 더 클수록, 다룰 수 있는 자기장의 영역이 더 크다는 사실을 확인할 수 있다.

일반적인 전보벌레는 자기장을 이용해 정보(음성, 영상)를 주고받는다. 반면에 특수한 전보벌레들도 존재한다.

전보벌레는 자기장을 통해 통신을 한다. 이때, 자기장에 간섭해 훔쳐 듣는 전보벌레가 검은 전보벌레이다. 검은 전보벌레는 도청기로 사용된다. 반대로 하얀 전보벌레는, 특정 자기장을 보호하여 도청을 방지하는 용도로 사용된다. 특정한 전보벌레끼리만 통신하는 경우도 있다. 버스트 콜을 요청하는 황금 전보벌레와 수신하는 백은 전보벌레가 이에 해당된다.

3. 박쥐와 철새

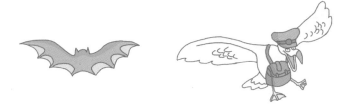

자기를 탐지하는 동물로는 철새,… 달팽이, … 박쥐, 비둘기, 연어, 물고기… 등이 있다. ~[L-file 10-3. 라프텔 딜레마 -2부 누구나 갈 수 있다] 中

One Piece에서 자기를 탐지하는 동물은 달팽이만이 아니라, 박쥐와 철새도 자기를 탐지한다. One Piece에서 박쥐는 세계정부에게 기밀문서를 보내는 용도로 이용되고 있다. 〈One Piece 63권 624화〉에서 징베는 칠무해 가입을 권유받는다. 〈One Piece 60권 593화〉에서 버기는 세계정부가 보낸 전서를 받는데, 이때 전서를 전달해준 동물은 박쥐이다. 박쥐는 바다 위를 날아서 목적지에 도착했다. 자기를 탐지할 수 있기 때문에 가능한 일이다. 자기를 탐지할 수 없다면, 이들은 어떻게 Grand Line을 날아 목적지에 도착할 수 있었을까? 기록지침이나 영구지침을 가지고 있지도 않는데, 어떻게 목적지로 배달할 수 있을까? 그 이유는 박쥐 역시 자기를 탐지하고, 방위를 알 수 있는 동물이기 때문이다. 박쥐와 비슷한 역할을 수행하고 있는 배달부도 존재한다.

루피는 알라바스타에서 크로커다일을 이겨 현상금이 오른다. 새 현상수배서는 어떻게 자야로 배달되었는가? 초파는 새들의 왕국[40]에서 Grand Line으로 날아간다. 상공에서 신문을 구입하게 된다. 초파는 누구에게서 신문을 구입했는가? 모두 배달을 하고 있는 철새, 뉴스 쿠[41]에게서 얻은 것이

---

40) 새들의 왕국 : 칠무해 쿠마에 의해, 초파는 이곳으로 날아간다.
41) 뉴스 쿠 : 신문을 배달하는 철새의 이름이다.

다. 철새 역시 자기를 탐지하는 동물이다. 이처럼 One Piece에서는 자기를 탐지하는 동물이 곳곳에 배치되어 있고, 이를 활용하고 있다.

4. One Piece의 비과학적 동물

One Piece에서 특정 동물은 자기를 탐지한다. 이는 과학적인 사실을 바탕으로 하고 있지만, 과학적으로 전혀 문제가 없는 것은 아니다. 치명적인 문제점이 있는데, One Piece에서 등장하는 자기탐지 동물들에게는 비과학적인 요소가 존재한다.

동물들이 방위를 아는 이유는 자기장을 이용하기 때문이다. 라프텔 부근에서는 자기폭풍이 일어나 자기장이 불안정해진다. 기록지침은 자기장을 이용하는 도구이다. 자기장이 불안정하므로, 기록지침은 자기장을 이용하지 못해 회전하게 된다. 기록지침과 마찬가지로 자기장이 불안정해지면, 동물들도 방위를 알 수 없어야 한다. 그런데 필자는 동물을 이용해 방위를 알 수 있고, 이를 이용해 라프텔 섬에 도착할 수 있다고 설명했다. 필자의 주장은 비과학적이긴 하나 틀린 것은 아니다. 애당초 One Piece의 동물들은 비과학적으로 설정되어 있기 때문이다.

동물들이 방위를 아는 원리는 나침반과 동일하다. 나침반은 Grand Line에 들어오면 회전하게 된다. 더 이상 나침반으로 항해할 수 없다. 마찬가지로 동물들은 Grand Line에서 방위를 알 수 없어야 한다. 과학적으로 설명하면 그렇게 되는 것이 타당하지만, Grand Line에서 여전히 동물들은 방위를 알아낸다. 기록지침 없이 섬에서 섬으로 이동한다. 이런 특징은 과학적으로 틀렸고, 맞지 않는 설정이다. 하지만 One Piece에서 이를 용인하고 있는 것은, 동물들의 비과학적인 특성이 반드시 필요하기 때문이다.

Sky Pia와 샤본디 제도는 설정적인 측면에서 반드시 등장해야 하는 섬이다(L-file 6-1.) 이곳은 기록지침이 반응하지 않으므로 기록지침이 아닌 다른 요소가 있어야 이 섬에 갈 수 있다. 반드시 방위를 아는 동물의 특성이 필요하고, 예외적으로 동물들은 방위를 안다고 설정된다. 라프텔 섬에서, 자기폭풍에도, 동물들은 예외적으로 설정된다. 과학적으로 자기폭풍이 일어나면, 동물들도 방위를 알 수 없어야 하지만, 예외적으로 동물들은 방위를 알 수 있다고 설정이 된다.

자기폭풍에도 불구하고, 방위를 알 수 있는 동물들의 특성은 비과학적인 요소이고, 설정적으로 반드시 존재해야만 하는 요소이다. 그래서 라프텔 섬에서 자기폭풍이 일어나도, 동물들은 방위를 알아낼 수 있을 것이다.

One Piece L-file 10-4. 정리

One Piece에서 자기를 탐지하는 동물들은 과학적이면서, 비과학적인 설정을 가지고 있다.
과학적으로 Grand Line 밖에서는 동물들은 자기를 탐지할 수 있다.
과학적으로 Grand Line 안에서는 동물들은 자기를 탐지할 수 없어야 한다.
하지만 설정적인 이유로 동물들은 Grand Line 안에서도 자기를 탐지하도록 되어 있다.

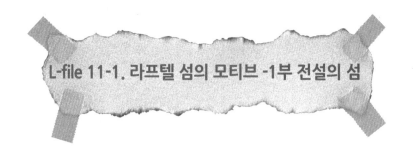

L-file 11-1. 라프텔 섬의 모티브 -1부 전설의 섬

One Piece에서 가장 중요한 장소는 라프텔 섬이다. 라프텔 섬은 자기가 너무나도 강해, 자기폭풍이 일어난다. 이 라프텔 섬의 모티브는 무엇일까? 그 모티브를 추측해 본다.

1. 태양

이미 필자는 라프텔 섬의 모티브는 태양이라고 설명한 적이 있다. 라프텔 섬은 고대왕국의 중심에 있었으며, 가장 강한 자력을 가진 장소이다. 그리고 기록지침을 회전하게 만드는 자기폭풍이 일어나는 장소이다. 이 특징과 정확히 일치하는 것이 바로 태양으로, 라프텔 섬의 모티브는 태양임을 시사한다.

2. 전설의 섬

라프텔 섬은 자기폭풍이 일어나는 장소이다. 자기폭풍이라는 특징을 중심으로 생각하면, 라프텔 섬의 모티브는 태양이라고 할 수 있지만, 자기폭풍이라는 특징을 무시한다면, 태양보다는 이 섬이 라프텔 섬의 모티브로 더 적합할 것이다.

라프텔 섬은 자기가 가장 강한 섬으로, 기록지침이라는 지침을 따라가면 도착하는 최종 목적지이다. 그리고 그 존재조차 확인되지 않았던 전설의 섬이다. 또한, 라프텔 섬으로 향하는 항로는 매우 위험해 죽음을 각오한 항로라 할 수 있다. 그래서 이 항로를 제패한 이를 존경하여 그 해적을 해적왕이라고 부른다. 이러한 특징과 정확히 일치하는 섬이 존재한다. 전설의 섬으로 불리던 섬! 바로 자석섬이다.

아주 먼 옛날, 사람들은 북극성에 의지해 항해를 했었다. 하지만 기후가 나쁠 때, 북극성을 확인할 수 없어 항해에 많은 어려움을 겪었다. 그 후에 나침반을 발견하게 되고 나침반을 항해에 사용하게 된다. 나침반은 기후에 영향을 받지 않아, 매우 유용했다. 나침반은 항상 북쪽을 가리키고 있지만, 사람들은 왜 나침반이 북쪽을 가리키는지 알지 못했다. 단지, 나침반을 사용했을 뿐이다. 사람들은 나침반은 하늘의 북극성을 가리킨다고 생각했고 시간이 흘러 나침반은 북극성이 아니라, 지구의 한 장소를 가리킨다는 사실을 알게 된다. 그 결과, 하나의 섬을 상상하게 된다.

나침반 주위에 자석을 가져가면 어떻게 될까? 나침반은 자석을 가리키게 된다. 이를 그대로 적용해서 사람들은 상상했었다. 사람들은 북쪽에 거대한 자석으로 이루어진 섬이 존재한다고 생각했고, 모든 나침반은 그 섬을 가리킨다고 상상했다. 그래서 항상 나침반은 똑같은 방향을 가리킨다고 생각했고, 사람들은 그 섬을 자석섬이라 불렀다.

자석은 철을 끌어당긴다. 배는 나무와 철(못)로 만들어졌다. 자석섬은 저 멀리 있는 나침반을 끌어당길 정도로 자기가 세다. 그래서 사람들은 자석섬 근처에 가면, 자석섬이 철(못)을 끌어당겨 배가 파괴된다고 생각했었다. 그 후에 이 생각이 더 커져, 자석섬은 철뿐만이 아니라, 무엇이든 끌어당긴다고 생각하여 자석섬 근처에 가면 벗어날 수 없다고 상상했다. 배든, 사람이든, 동물이든 모든 것을 끌어당겨 파괴하는 섬! 그 상상의 섬이 자석섬으로, 자석섬에 가는 것은 매우 위험하며, 죽으러 가는 죽음의 섬으로 인식되었다.

이 자석섬은 상상으로 존재하는 섬으로 전설의 섬이다. 자석섬이 존재하는지, 존재하지 않는지는 그 누구도 확인하지 못했다. 자석섬은 북쪽, 북극에 있다고 생각했다. 이 당시 북극을 탐험할 능력은 없고, 아무도 자석섬이 존재하는지 확인할 수도 없어, 전설의 섬으로 남게 된다.

일부 자석섬을 찾아 나선 이들은 북극을 탐험하다 모두 죽었고, 다시는 돌아오지 못했다. 그래서 자석섬을 찾는 것은 매우 위험한 행동이며, 죽으려 하는 자살로 인식하게 되었다. 일부의 사람들은 북극에 가서, 자석섬을 봤다며 거짓말을 하기도 했다.

라프텔 섬은 One Piece에 존재하는 전설의 섬이다. 자석섬은 현실에서 존재하는 전설의 섬이다. 두 섬 모두 전설의 섬이다. 라프텔 섬은 가장 자기가 강한 섬이고, 자석섬은 자석 그 자체로 이루어진 섬이다. 두 섬 모두 자기의 섬이다. 라프텔 섬은 지침(기록지침)을 따라 항해해 도착하는 최종 목적지이다. 자석섬은 지침(나침반)을 따라 항해해 도착하는 최종 목적지이다. 두 섬 모두 지침을 따라 항해해서, 도착하는 최종 목적지이다. 라프텔 섬과 자석섬으로 가는 항로는 죽음의 항로로, 두 섬 모두 죽음의 섬이다. 라프텔 섬과 자석섬은 뱃사람들에게 전해 내려오는 전설이다. 두 섬 모두 뱃사람에게 구전된 전설의 섬이다. 이 자석섬이 라프텔 섬의 모티브가 아닐까? 필자는 그렇다고 생각한다. 여러분의 생각은 어떠한가?

3. 보배의 나무, 아담으로 만들어진 배

로저의 배, '오로 잭슨호[42]'는 보배의 나무 아담[43]으로 만들어졌다. 루피의 배, '사우전드 써니호'도 보배의 나무 아담으로 만들어졌다. 그리고 로저의 배는 라프텔 섬에 도착했고, 루피의 배는 앞으로 도착할 것이다. 보배의 나무, 아담의 특징은 무엇인가?

> 프랑키 : "꿈쩍달싹하지 않고 꿋꿋이 서있는 …… 어떤 일이 벌어져도
>   쓰러지지 않아."~〈One Piece 45권 431화〉

보배의 나무는 절대 쓰러지지 않는 매우 튼튼한 특징을 가졌다. 전설의 자석섬은 배를 끌어당겨 파괴하는 섬이다. 자석섬(라프텔 섬)에 도착하고, 다시 출항하려면 배가 파괴되지 않아야 한다. 즉, 배가 아주 튼튼해야 한다. 자석섬 전설과 연결하면, 보배의 나무 아담이 튼튼한 나무로 설정된 이유를 알 수 있다. 튼튼한 나무로 만들어진 배어야만 라프텔 섬(자석섬)에 파괴되지 않기 때문이다. 그 나무로 만들어진 배가 로저의 배이며, 루피의 배이다. 그리고 로저는 이미 라프텔 섬에 갔었고, 루피는 앞으로 갈 것이다.

---

42) 오로 잭슨호 : 로저의 배. W7의 톰이 만든 배로, 보배의 나무 아담으로 만들어졌다.

43) 아담 : 절대로 쓰러지지 않는 튼튼한 나무로, 신세계에 있다고 전해진다. 고가의 나무이다.

One Piece L-file 11-1. 정리

라프텔 섬의 모티브

라프텔 섬 : 강한 자기, 자기폭풍, 배 파괴, 죽음의 섬, 뱃사람들의 전설, 기록지침의 최종 목적지

1. 태양 : 강한 자기, 자기폭풍
2. 자석섬 : 강한 자기, 배 파괴, 죽음의 섬, 뱃사람들의 전설, 나침반의 최종 목적지

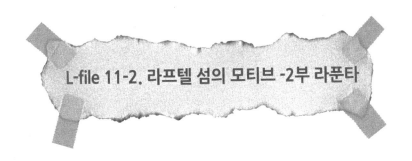

L-file 11-2. 라프텔 섬의 모티브 -2부 라푼타

기존 작품에서 라프텔 섬의 모티브를 찾는다면, 유력한 후보는 두 개 있다. 하나는 〈천공의 섬 라퓨타〉이며, 다른 하나는 〈걸리버 여행기〉의 라푸타이다. 포네그리프와 그 외의 설정이 〈천공의 섬 라퓨타〉와 유사하기 때문이다. 그럼, 〈천공의 섬 라퓨타〉의 모티브는 무엇일까? 이는 미야자키 하야오 감독이 밝혔듯이 〈걸리버 여행기〉의 라푼타(Lapunta)임을 알 수 있다. 최종적으로 One Piece의 라프텔은 〈걸리버 여행기〉의 라푼타[44]를 모티브로 했다고 할 수 있다. 실제로 〈걸리버 여행기〉에서 등장하는 거인족, 소인족을 One Piece에서 차용하고 있어 One Piece가 〈걸리버 여행기〉에 많은 영향을 받았음을 알 수 있다.

라프텔과 라푼타! 라푼타와 라프텔!

이 두 섬에는 재미있는 공통점이 있다. 그것은 자석섬이라는 점이다.

라푸타 섬은 땅을 지배한다. - 천연자석의 힘으로 떠다닌다.
~〈걸리버 여행기〉 中

이 섬이 라프텔 섬의 모티브로 적합할 것이다. …… 바로 자석섬이다.
~[L-file 11-1. 라프텔 섬의 모티브 -1부 전설의 섬] 中

---

[44] 〈걸리버 여행기〉의 섬은 '라푸타, 라퓨타(Laputa)'이다. 천공의 섬 '라퓨타'와 구별할 목적으로 걸리버 여행기의 '라푸타'를 '라푼타(Lapunta)'로 표기하였다. '라푸타(Laputa)'는 '라푼타(Lapunta)'의 발음상 변해서 생긴 단어이다.

라프텔 섬은 자기가 너무 강한 나머지, 태양처럼 자기폭풍을 일으키는 자석섬이다. 라푼타는 천연자석의 힘으로 하늘을 날아다니는 자석섬이다. 두 섬 모두 자석섬으로, One Piece의 작가는 〈걸리버 여행기〉의 자석섬, 라푼타(Lapunta)를 모티브로 했음을 짐작할 수 있다.

One Piece L-file 11-2. 정리

One Piece의 라프텔 섬의 모티브
1. 천공의 섬, 라퓨타
2. 걸리버 여행기의 라푸타(라푼타) : 자석섬

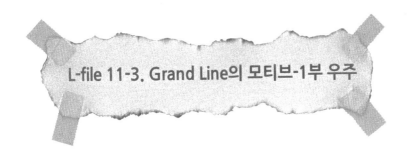

L-file 11-3. Grand Line의 모티브-1부 우주

이번에는 Grand Line의 모티브를 한번 생각해 본다. 루피 일행은 나침반을 통해서 East Blue를 항해하지만 Grand Line에 도착하자, 나침반은 빙글빙글 돌게 된다. 더 이상 나침반으로 항해하지 못한다.

만약, 나침반을 들고 우주로 나간다면 어떻게 될까? 지구의 자기권 안이라면, 나침반은 여전히 지구의 북극을 가리킨다. 하지만 지구의 자기권 밖으로 나간다면 어떻게 될까? 나침반은 빙글빙글 돌게 된다. 우주로 나가면, Grand Line처럼 나침반이 빙글빙글 돌게 된다. One Piece의 Grand Line을 작은 우주에 비유할 수 있다.

위스키   리틀   드럼섬   위스키   리틀   드럼섬
피크   가든   피크   가든

Grand Line의 섬들은 연결되어 있지 않다(L-file 6). Grand Line의 섬들은 첫 번째 그림처럼 분포하고 있다. 여기서 바다와 해저 지역을 지워보자. 어떤가? Grand Line의 섬들이 우주의 행성처럼 느껴지지 않는가? 그리고 Grand Line의 섬들은 각자의 자기장을 가지고 있고, 마찬가지로 우주의 행성들도 각자의 자기장을 가지고 있다. 수성, 지구, 목성, 토성, 천왕성, 해왕성은 자신의 자기장을 가진 행성이다. 흔히 우주는 바다에 비유된다. 그래서 우주선은 우주의 배라고 표현하고, 우주에서 이동하는 것을 헤엄친다고 표현하기도 한다. 이는 One Piece에서도 마찬가지이다.

One Piece에서는 2개의 우주선이 등장한다. 모두 에넬의 표지연재에서 등장한다. 에넬의 맥심[45]과 우주토끼의 우주선이다. 두 우주선의 모양은 모두 배다. One Piece에서 우주토끼들은 우주악당이 아니라, 우주해적[46]으로 소개되는데 One Piece에서 우주는 하나의 바다로 취급하며, 바다와 연관시키고 있다.

고대왕국은 나누어져 Grand Line이 되었다(Part One). 이처럼 하나인 대상이 나누어진 현상이 우주에도 존재한다. 태초의 우주는 하나의 씨앗이었다고 한다. 우주의 씨앗이 폭발했고, 그 결과 수많은 은하계, 태양, 행성이 생겼다고 한다. 이 과학 이론은 우주의 탄생을 설명하고 있는 빅뱅이론이다. Grand Line의 생성 과정과 유사하지 않는가? 빅뱅이론과 필자의 대륙이동설은 매우 유사하지 않는가?

One Piece에서 고대병기는 세 가지가 존재한다. 플루톤! 포세이돈! 우라노스! 세 이름은 신들의 이름이면서 동시에 태양계의 행성 이름이기도 하다. 명왕성은 플루톤이고, 해왕성은 포세이돈이며, 천왕성의 다른 이름이 우라노스이다.

루피와 조로는 초신성이라 불린다. 초신성은 이전 시대를 뛰어넘는 새로운 인물들을 가리키는 단어이다. 이 단어 역시 우주에서 사용되는 용어 중 하나이다.

이처럼 우주와 관련된 단어들을 One Piece에서 찾아볼 수 있다. 모두 단순한 우연일까? 아니면, 우주를 모티브로 사용한 것일까?

라프텔 섬은 자력이 강한 장소이며, 자기폭풍이 일어난다. 이는 태양과 일치한다. 그리고 Grand Line의 섬들은 우주의 행성처럼 분포한다. 우주와 Grand Line에서는 나침반이 회전한다. 우주와 관련된 단어를 많이 One

---

45) 맥심 : 방주 맥심. 에넬이 페어리 바스(달)로 가기 위해 만든 배로, 하늘과 우주를 날 수 있다.

46) 우주 해적 : 에넬의 표지연재에 등장한 해적으로, 달에 온 스페이시와 에넬을 만난다.

Piece에서 사용하고 있는 것은, Grand Line의 모티브는 우주라고 해도 좋을 것이다.

One Piece L-file 11-3. 정리

Grand Line의 모티브는 우주라 할 수 있다.

L-file 0-1. 대륙이동설

Part One을 정리하자.

과거 푸른 별에 자력이 있는 거대한 대륙이 있었다. 이 대륙의 바깥 지역일수록 자력이 작고, 안쪽 지역일수록 자력이 크다. 중심부는 자력이 너무커, 자기폭풍까지 일어난다.

이 대륙에 한 나라가 건국되는데 그 나라의 이름이 라프텔이다. 라프텔 고대왕국은 번성한다. 800년 전, 고대왕국은 세계정부에 패배해 멸망하게된다. 라프텔 고대왕국은 고대병기에 의해 대륙이동하게 된다. 그 결과, 조각조각 나누어지게 된다.

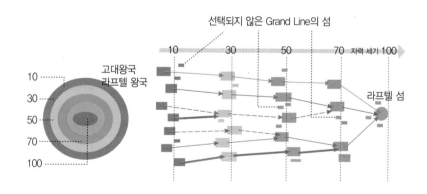

대륙이동하면서 바깥 지역부터 떨어진다. 그래서 자력이 작은 지역부터 떨어진다. 자력이 큰 지역은 나중에 떨어진다. 이렇게 떨어진 고대왕국의 땅은 Grand Line의 섬이 된다. 거대한 고대왕국은 사라지고, Grand Line이 생긴다. 가장 자력이 큰 중심부는 가장 늦게 떨어지는데 Grand Line의 끝 섬이 된다. 이 섬은 훗날 라프텔 섬이라 불린다. 라프텔 섬은 고대왕국의 가장 중심부였던 지역으로 자기폭풍이 일어난다.

　기록지침은 자력 크기를 측정하는 도구이다. 자력이 작은 섬에서 큰 섬으로 가리킨다. Grand Line은 자력이 작은 순서대로 분포하고 있다. 기록지침은 이 자기적 법칙을 이용하여 기록지침으로 항해할 수 있다. 기록지침을 따라가면, 자력이 작은 시작 섬에서 자력이 큰 라프텔 섬으로 도달하게 된다. 하지만 라프텔 섬의 자기폭풍 때문에, 기록지침은 라프텔 섬의 자력 세기를 측정하지 못하고, 라프텔 섬을 가리키지 못하며, 아무도 가지 못한다. 동물을 이용해 방위를 알고, 라프텔 섬의 위치를 알아야만 갈 수 있다. 또한, 해왕류와 적들을 물리치고, 자기폭풍을 이겨내야만 도착할 수 있다.

　골.D.로저는 만물의 소리를 듣는 능력으로 라프텔 섬에 갔다. 루피는 다른 방법으로 라프텔 섬에 갈 것이다. 라프텔 섬의 리오 포네그리프를 해독해, 고대왕국의 역사를 알게 될 것이다. 지워진 자유의 역사를 알게 되어, 푸른 별에 자유를 전해 줄 것이다.

　이것이 10개의 가설 중 그 첫 번째, 대륙이동설(Part One)이다.
　고대왕국은 이동했다.

Part One을 끝내며

감사합니다. Part One이 끝났습니다.

Part One은 고대왕국, 라프텔 왕국에 대한 이야기를 다루고 있습니다. 라프텔 고대왕국의 대륙이 이동해서 Grand Line이 생성되었다는 대륙이동설! 그 가설을 중심으로 구성된 Part입니다. 어떠신가요? 재미있었나요?

기록지침과 관련된 이야기가 길지만, 모두 라프텔 딜레마를 풀기 위해서 필요했습니다. 라프텔 섬의 자기폭풍을 설명하기 위해서는 기록지침의 원리가 반드시 필요합니다. 그리고 다른 Part에서, 숨겨진 Grand Line 섬들의 비밀을 다룰 예정입니다. 이 비밀들을 다루기 전에 기록지침의 원리를 알아야 합니다. Grand Line에 숨겨진 비밀은 이것이 전부가 아닙니다. 더 있습니다. 다만, Part One은 대략적인 설명만을 다루고 있습니다. Grand Line에 대해서 큰 흐름만을 다루고 있습니다.

사실 임펠 다운의 비밀은 Part One에서 다룰 계획이 아니었는데, 생각해 보니 Part One에서 일부 다루는 편이 더 좋다는 생각이 들어 임펠 다운의 비밀을 1부, 2부로 나누고 1부를 Part One에서 다루었습니다. 2부는 처음 예정대로 Part Six에서 다루도록 하겠습니다.

Part One의 무대는 푸른 별이었습니다. 이제 무대가 바뀝니다. 달로 갑니다. Part Two의 무대는 달입니다. 에넬은 달로 가게 되고 달에서 달벽화를 보게 되며, 그리고 달민족을 알게 됩니다. 이들에 대한 비밀! 에넬이 반드시 등장해야 하는 이유! 에넬의 고향 - 비르카 하늘섬의 비밀! L-file는 Part Two로 이어집니다.

다음 Part는 두 번째 퍼즐을 다룬 [Part Two L-file. 2개의 퍼즐 - ○○○ 편]입니다. 달벽화와 달민족, 비르카, D일족, 플루톤, 우라노스, 그리고 공백의 100년에 대한 이야기로 찾아가겠습니다.

ONE PIECE
D-FILE

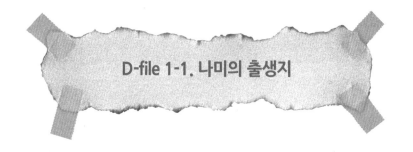

D-file 1-1. 나미의 출생지

엄격하게 따진다면, 나미와 노지코[1]는 East Blue 출신이라 할 수 없다. 두 명은 East Blue에서 태어났는지 알 수 없기 때문이다. 나미와 노지코의 출생지는 어디일까? 이 질문의 해답을 찾아본다.

1. 벨 메일

> 해군 : "그 시키가 탈옥했대!"
> 벨 메일 : "East Blue에 오면 내가 때려눕혀 주겠어."~〈One Piece 0화〉

20년 전 시키는 임펠 다운에서 탈옥한다. 벨 메일과 동료들은 이 소식에 대해서 이야기한다. 이때 벨 메일은 "East Blue에 오면"이라며, East Blue를 언급한다. 20년 전에 벨 메일은 East Blue의 해군임을 알 수 있다. 그 후에 벨 메일은 임무로 어떤 전쟁에 참가한다. 그 곳에서 노지코와 나미를 만나게 되고 벨 메일은 폭풍을 뚫고, 노지코(3살)와 나미(1살)를 데리고 코코야시[2] 마을로 돌아온다. 여기까지 보면, 벨 메일은 East Blue에서 노지코와 나미를 만났다고 생각하게 된다. 하지만 사실은 그렇지 않다.

---

1) 노지꼬 : 나미의 언니로 어릴 때 나미와 함께 벨 메일의 양녀가 된다. 현재 귤 농장을 운영 중이다.

2) 코코야시 마을 : 나미의 고향, East Blue로 아론의 지배를 받는다.

벨 메일 : "난 해병 출신이야. 위대한 항로의. 해적이 …… 멀고 먼 …… "~〈One Piece 9권 78화〉

아론 일당이 코코야시 마을을 점령하던 당시 벨 메일은 아주 이상한 발언을 한다. 벨 메일은 Grand Line의 해병 출신이라고 말한다. 20년 전 벨 메일은 East Blue의 해군이 아니었던가? 그런데 갑자기 East Blue가 아닌, Grand Line을 언급한 것인가? 어떻게 된 일일까? 벨 메일은 East Blue의 해병인가? 아니면 Grand Line의 해병인가?

시키가 탈옥하던 20년 전에 벨 메일은 East Blue의 해군이었지만, 그 후에도 계속 East Blue에 있었다는 말은 없다. 그렇다면 벨 메일은 Grand Line으로 발령이 난 것이다. Grand Line에서 근무하게 되면서 벨 메일은 아론에게 자신은 Grand Line의 해병이었다고 말할 수 있다.

20년 전에 벨 메일은 East Blue의 해군이었고 그 후 Grand Line의 해군이 된다. 그럼, 벨 메일이 나미와 노지코를 만난 시기는 언제인가? 노지코는 갓난아기인 나미를 데리고 벨 메일을 만났다. 코코야시 마을에 도착했을 때, 나미는 여전히 갓난아기였다. 이들이 서로 만난 시기는 벨 메일이 Grand Line의 해군으로 지냈던 시기로, 벨 메일과 노지코, 벨 메일과 나미가 만난 장소는 East Blue가 아니라, Grand Line이다. 즉, 노지코와 나미의 출생지는 East Blue가 아니라 Grand Line이다.

2. 겐조

벨 메일로부터 나미의 출생지는 Grand Line임을 알 수 있었다. 그리고 코코야시 마을의 촌장인 겐조[3])에게서 중요한 정보를 얻을 수 있다.

---

3) 겐조 : 코코야시 마을의 대표로 벨 메일 일가를 도와주는 인물이다. 모자에 바람개비를 항상 하고 다닌다.

나미는 임시적으로 아론 일당에 가입한다. 그 대가로 아론 해적단 문신을 팔에 그린다. 하지만 아론의 음모에 좌절하게 되고 루피는 좌절하는 나미를 도와준다. 이제 나미는 루피의 진정한 동료가 된다. 나미는 아론 해적단 문신을 지우고, 새로운 문신을 그린다. 그 문신은 풍차와 귤의 그림이다.

귤은 벨 메일의 상징으로, 노지코와 나미를 키우기 위해 귤 농장을 경영했었다.

풍차는 겐조 촌장을 상징한다. 겐조 촌장은 항상 풍차를 달고 다닌다. 벨 메일은 생계를 위해 귤 농장을 운영했다. 그럼, 겐조는 왜 풍차를 달고 다니는 것일까?

> 겐조 : "[모자에 바람개비(풍차)] 어떠냐? 이거면 웃어주겠지! 난 앞으로 계속 이러고……"~〈One Piece 11권 95화〉

겐조의 얼굴이 무서워 나미는 겐조를 보면 운다. 겐조는 나미가 웃는 모습을 보고 싶어 모자에 바람개비를 꽂고 다닌다. 겐조가 풍차를 달고 다니는 이유는 나미 때문이다. 이제 새로운 의문이 생기게 된다. 나미는 왜 풍차를 보고 웃는 것일까? 코코야시 마을에는 풍차가 없다. 마을에 존재하지도 않는 풍차를 나미는 왜 좋아하는 것일까?

> 비비 : "나미는……이론만으로 날씨를 예측하는 것이 아니었어. 마치 몸으로 날씨를 느끼고……"~〈One Piece 15권 130화〉

나미는 뛰어난 항해사이다. 다른 항해사처럼 이론만 충실한 것이 아니라, 본능적으로 날씨를 느끼고 예측한다. 초파는 의료의 나라인 드럼섬 출신이다. 마찬가지로 나미도 날씨와 연관된 섬에서 태어난 것이 아닐까? 그렇다면, 나미가 풍차를 좋아하는 이유도 설명할 수 있다. 풍차는 바람의 세기,

방향을 측정하는 관측 도구로 풍차는 날씨와 관계가 있다. 나미가 날씨와 관계된 섬에서 태어났다면, 날씨와 관련된 도구와 친숙할 것이다. 그래서 풍차를 좋아한다고 설명할 수 있다.

3. 웨더리아

One Piece에서 풍차가 등장하는 장소는 두 군데이다. 루피의 마을, 후샤 마을[4]과 웨더리아[5]이다. 후샤 마을은 날씨와 전혀 관계가 없는 장소로, 나미와 상관이 없다. 풍차가 등장하면서 날씨와 관계된 장소는 웨더리아이다. 웨더리아는 날씨는 연구하는 하늘섬이다. 이 섬의 곳곳에는 풍차가 설치되어 있다.

> 웨더리아 섬의 학자 : "웨더리아의 기후과학은 반출금지."
>
> ~〈One Piece 60권 592화〉

나미는 강해지기 위해 웨더볼[6]을 훔친다. 이에 웨더리아의 학자들은 하늘 과학이 밖으로 유출되면 안 된다고 말한다. 왜 안 되는 것일까? 어쩌면 과거의 경험 때문일 수도 있다. 과거에 웨더리아의 기술이 밖으로 유출되었고, 유출된 기술 때문에 심각한 문제가 일어났을 수 있다. 그래서 웨더리아의 학자들은 유출되는 것을 경계한다고 추측할 수 있다.

과거에 유출되었던 기술은 무엇일까? 그로 인해 생긴 문제는 무엇이었을까? One Piece에서 웨더리아와 유사한 기술이 등장한 적이 있다. 바로 댄스

---

4) 후샤 마을 : East Blue의 작은 마을, 고아 왕국의 마을로 루피의 고향이다.

5) 웨더리아 : 칠무해 쿠마에 의해 나미는 이곳으로 날아간다. 기후와 기상을 연구하는 하늘섬이다.

6) 웨더볼 : 웨더리아 하늘섬의 과학 기술로 날씨를 조절, 조정할 수 있는 공이다.

파우더[7]이다.

> 나미 : "옛날 어딘가의 비가 안 내리는 나라의 연구자가 만들어 ……
> 비가 내리게……"~〈One Piece 18권 161화〉

댄스 파우더는 비가 안 내리는 나라의 연구자가 만든 물건으로, 인공적으로 비를 내리게 한다. 댄스 파우더는 날씨를 조종한다. 그리고 웨더리아에는 비뿐만이 아니라, 번개, 바람까지도 조종할 수 있는 기술(워터볼)이 존재한다. 댄스 파우더는 웨더리아에서 유출된 기술을 바탕으로 개발한 기술이 아닐까? 그럴 가능성이 충분하다.

4. 댄스 파우더와 전쟁

댄스 파우더는 인공적으로 비를 내리게 하지만, 이것에는 무서운 함정을 있다. 댄스 파우더는 주변 지역에 자연적으로 내릴 비까지 뺏어온다.

> 나미 : "그걸 깨달은 그 나라[이웃 나라]는 결국 전쟁을 하게 되어."
> ~〈One Piece 18권 161화〉

비를 빼앗긴 나라에는 극심한 가뭄이 오며, 이를 안 이웃 나라는 가만히 있을 수 없어서 전쟁을 하게 되고, 결국엔 수많은 사람들이 죽게 된다. 그래서 댄스 파우더에 대한 제조와 소유는 금지된다. 비비의 알라바스타도 댄스 파우더 때문에 반란군이 생겼고, 나라가 나누어지게 되었다. 댄스 파우더는 전쟁을 일으킨다.

---

7) 댄스 파우더 : 인공 강우를 일으킨다. 알라바스타 국왕은 댄스 파우더를 사용했다는 누명을 쓴다.

5. 나미의 출생지

1장 벨 메일은 Grand Line의 해군으로, 노지코와 나미의 출생지는 Grand Line이다.

2장 겐조 촌장의 풍차를 통해, 나미는 날씨와 관계된 섬에서 태어났다고 볼 수 있다.

3장 날씨의 섬, 웨더리아에서 유출된 기술이 댄스 파우더일 가능성이 존재한다.

4장 댄스 파우더를 개발한 나라에서 전쟁이 일어났다.

17년 전, Grand Line의 해병이었던 벨 메일은 노지코와 나미를 만났다. 어디에서 만났던가? 바로 Grand Line의 전쟁터이다. 벨 메일은 어떤 나라에서 일어난 전쟁에 투입되었다. 그곳에서 나미와 노지코를 만났다. 그리고 댄스 파우더를 개발한 나라에서 전쟁이 일어났다. 댄스 파우더를 개발한 나라는 날씨와 관계된 나라이다. 나미는 날씨와 관계된 나라에서 태어났을 가능성이 높으며, 나미는 댄스 파우더를 개발한 나라에서 태어났다고 보는 것이 정황상 적절할 것이다.

6. 나미의 부모

이 6장에 대한 근거는 하나도 없다. 단지, 심증만 있을 뿐이다. 어쩌면, 나미의 부모는 댄스 파우더를 개발한 사람일 수 있다. 나라의 가뭄을 해결하기 위해, 웨더리아의 웨더볼을 연구한다. 그 결과 개발된 것이 댄스 파우더다. 하지만 처음 의도와 다르게 댄스 파우더에서 심각한 문제가 발생한다. 그 문제 때문에 나라는 전쟁에 휩쓸리고 댄스 파우더는 금지된다. 세계정부는 댄스 파우더를 개발한 이를 추적, 체포 혹은 사형을 시켰을 것이다. 해군이었던 벨 메일이 이 사실을 알았다면, 벨 메일의 이상한 행동도 설명이 된다.

벨 메일 : "내가 이 애들의 엄마가 될 거야."
코코야시 마을 사람들 : "무리야! 무모한 짓이라구! 정부시설에 맡겨!"
~〈One Piece 9권 79화〉

코코야시 마을 주민들은 벨 메일의 결정에 반대하지만, 벨 메일은 끝까지 고집을 꺾지 않는다. 세계정부는 댄스 파우더를 개발한 이의 아이까지 추적했을지도 모른다. 그래서 벨 메일은 해군을 그만두고, 나미를 정부시설에 맡기지 않은 것이 아닐까? 나미를 보호하기 위해서 해군을 그만둔 것이며, 나미를 숨기기 위해 자신이 키운 것일지도 모른다.

벨 메일은 나미와 노지코를 친딸처럼 여긴다. 그런데 이상하게도 벨 메일은 나미와 노지코를 양자로 입양하지 않는다. 서류상 가족이 되지 않는다.

아론 일당 : 확실히 마을 명부엔 …… 결혼도 출산도 기록돼 있지 않아.
코코야시 의사 : 벨 메일과 너희들은 부모와 자식 간이란 증거가 없다.
저 멀리 도망치는 거다.~〈One Piece 9권 78화〉

친딸처럼 여기지만, 서류상, 어떤 기록(양녀)도 남기지 않는다. 이 모든 것이 나미의 출생상 비밀 때문이 아닐까? 정부로부터 나미를 지키기 위해 해군을 그만두었고, 추적을 피하기 위해, 기록을 남기지 않는다. 이 모든 일이 나미를 지키기 위한 행동일 수 있다.

나미의 부모가 댄스 파우더를 개발한 기후학자라면, 나미가 풍차를 좋아했던 것도 설명이 된다. 아기는 부모를 보고 자라고, 부모가 하는 일에 관심을 가지고 좋아한다. 나미의 부모는 기후학자로, 풍차는 기후 측정에 사용된다. 그래서 갓난아기인 나미는 풍차를 좋아했던 것이 아닐까? 어릴 때 나미는 풍차 모양의 장난감으로 놀았을 지도 모른다.

7. 앞으로

루피 일행은 Grand Line을 항해한다. 그리고 나미의 출생지는 Grand Line의 섬이다. 댄스 파우더를 개발한 곳이다. 이 섬에서 나미의 출생에 대한 비밀이 나올지도 모른다. 하지만 아무런 단서조차 없이 갑자기 공개되는 것은 재미가 없다. 어쩌면, 나미의 출생에 대한 단서는 이미 작품에서 설정되어 있을 수 있다. 그 단서는 아마도 나미의 장신구일 것이다.

나미는 Grand Line 출생으로, 노지코 역시 마찬가지이다. 노지코도 댄스 파우더를 개발한 나라이거나, 혹은 그 이웃 나라에서 태어났을 것이다. 나미의 출생지가 공개되면 노지코의 출생지도 공개된다. 반대로 말하면, 노지코의 출생지가 공개되면 나미의 출생지도 공개된다.

노지코의 출생지에 대한 단서는 이미 존재한다. 코코야시 마을에서 노지코는 팔찌를 하고 있었고, 나미는 팔찌를 하고 있지 않았다. 마을을 떠난 후, 나미는 팔찌를 하게 된다. 이 팔찌는 노지코가 떠나는 나미에게 선물로 준 팔찌이다. 이 내용은 〈One Piece 27권 252화 SBS〉에서 확실히 언급된 내용이다. 만약, 이 팔찌가 출생의 비밀을 알려주는 단서라면 어떨까? 팔찌의 비밀이 공개되면서 나미의 출생지도 공개됨을 알 수 있다.

One Piece D-file 1-1. 정리

나미와 노지꼬의 출생지는 Grand Line의 섬이다. 나미는 댄스 파우더를 개발한 Grand Line의 나라에서 태어났을 가능성이 높다.
출생의 실마리는 노지꼬가 나미에게 준 팔찌이다.

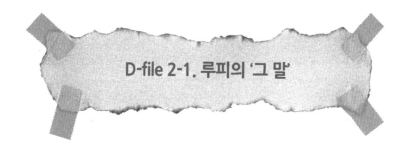

D-file 2-1. 루피의 '그 말'

샹크스 : "로저 선장과 똑같은 말을 하는 꼬맹이가 있더라고요! 선장의
그 말 을……"~〈One Piece 52권 506화〉

샹크스는 레일리를 만나 루피를 언급한다. 로저와 동일한 말을 하는 꼬맹이를 만났다고 말한다. 루피가 말한 그 말! 로저가 말한 그 말! 그 말은 무엇일까?

1. 해적왕

로저는 해적왕이다. 루피는 해적왕이 되겠다고 말한다. 그리고 앞으로 될 것이다. 그럼 루피와 로저가 했던 말이 "해적왕"일까? 그렇지 않다. 샹크스는 로저의 그 말을 하는 꼬맹이를 봤다며 신기해하는데 그 말은 두 사람만이 말한 특이한 단어임을 알 수 있다.

대 해적시대에 수많은 해적들은 자신이 해적왕이 되겠다며 해적이 되었다. 해적왕이 되겠다고 말하는 사람은 루피만이 아니고, 해적왕이 되겠다는 사람은 많다. 따라서 그 말이 해적왕이라면, 샹크스가 루피을 보고 신기해할 리가 없다. 그 말은 해적왕이 아니다.

2. 자유

"인간이 자유의 답을 찾는 한, 그것들은 절대로 멈추지 않는다." - 해적
왕 G.로저 ~〈One Piece 12권 100화〉

루피 : "지배 같은 거 안 해. 이 바다에서 가장 자유로운 녀석이 해적왕
이야."~〈One Piece 52권 507화〉

로저와 루피는 자유를 추구한다. 그렇다면, 그 말은 자유일까? 유감스럽
게도 자유도 아니다. 자유를 추구하는 인물은 루피만이 아니어서 로저와 연
결하기는 미흡하다. 또한, 〈One Piece 1권 1화〉에서 자유는 딱 한번만 언급
된다. 자유를 언급한 인물은 루피가 아닌, 샹크스 해적단원이다. 그것도 크
게 비중이 있게 말한 것도 아니고, 지나가듯이 언급될 뿐이다.

샹크스 해적단원 : "해적은 즐겁다구.", "뭣보다 자유롭지!!"
~〈One Piece 1권 1화〉

루피의 과거는 1권에서만 등장하지 않는다. 59권, 60권에도 과거 이야기
가 전개된다. 이 과거에서도 루피는 자유를 말하지 않는다. 오히려 자유를
갈망하며, 자유를 자주 말하는 인물은 사보[8]이다. 사보는 귀족으로 부모로
부터 자유를 억압받아 자유를 갈망하며, 항상 자유를 말한다. 반면 루피는
자유를 거의 언급하지 않는다. 이러한 정황을 미루어볼 때, 루피는 샹크스
앞에서 "자유"라는 단어를 말한 적이 있는지조차 의심스럽다. 따라서 "자
유"도 그 말이 되지 않는다고 본다. 루피가 자유를 언급하기 시작한 것은

---

8) 사보 : 루피, 에이스, 사보는 의형제를 맺는다. 사보는 귀족의 아이로 자유를 갈망한다.

사보가 죽은 뒤로 추정된다. 사보와 의형제를 맺기 전에, 마을을 떠난 상크스 앞에서 자유를 언급했을 가능성은 매우 낮다.

3. 그 말

그럼, 그 말은 무엇일까?

샹크스는 루피에게서 그 말을 들었다. 아마 루피가 자주 말하는 단어일 것이다. 루피가 자주 말하는 단어! 루피와 로저, 두 사람만이 말한 특이한 단어! 그 단어는 무엇인가?

루피 : "그럼, '보물외상'으로 먹을래."
샹크스 : "또 나왔군. '보물외상'! 야, 그건 사기야."
~〈One Piece 1권 1화〉

필자는 그 말이 보물외상이라 생각한다. 루피는 어릴 때 마키의 술집에서 자주 보물외상으로 먹었다. 샹크스가 "또"라고 말하며 루피가 자주 말하는 단어임을 알려준다. 이 보물외상이라는 단어는 60권, 61권에서도 다시 등장한다.

음식점 직원 : "점장! 뭔가 메모가. …… 보물로 지불(=보물외상)"
~〈One Piece 60권 585화〉

루피, 사보, 에이스는 무전취식을 한다. 이때, 루피는 보물외상이라는 메모를 남긴다. 이처럼, 루피는 어린 시절, 자주 보물외상이라는 단어를 사용했음을 알 수 있다. 루피는 어린 시절에만 잠깐 사용한 것이 아니고, 지금도 여전히 이 단어를 사용하고 있다.

루피 : "이상한 것도 참 많이 판다. 보물외상으로 안될까?"

~〈One Piece 26권 244화〉

Sky Pia에서 동료들이 납치되어, 산제물이 된다. 그들을 구하기 위해, 어퍼 야드로 가게 된다. 그 여정에서 루피는 Sky Pia의 상점을 보며, 보물외상이라는 단어를 사용한다. 루피는 보물외상이라는 단어를 여전히 사용함을 알 수 있다.

루피가 자주 사용하며, 루피와 로저만 말한 적 있는 특이한 말! 그 말은 바로 보물외상이다.

필자가 보물외상이라고 생각하는 이유는 이 단어가 부각되는 과정에 있다. 1화에서 등장한 이후, 보물외상은 더 이상 등장하지 않아서 기억 속에 사라진다. 26권에서 잠깐 등장하지만, 그다지 부각되지 않는다. 52권에서 상크스를 통해, '그 말'이 등장하며, 궁금증을 자아낸다. 그 후, 60권에 보물외상이 등장하고, 〈One Piece 61권 596화〉 표지에서 보물외상이 다시 등장한다. 596화 표지는 청년이 된 사보와 에이스, 루피가 무전취식하는 그림이다. 보물외상이라는 단어가 조금씩 수면 위로 노출되는 느낌을 받는다. 이 모든 과정은 그 말이 공개될 때의 재미를 증폭시키기 위한 연출로 보인다. 그래서 필자는 그 말이 '보물외상'이라 생각한다.

One Piece D-file 2-1. 정리

로저와 루피가 말한 그 말은 "보.물.외.상"이다.

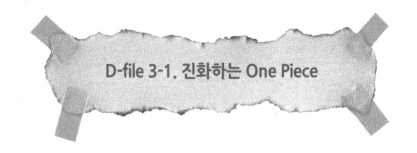

D-file 3-1. 진화하는 One Piece

이 글은 여러 불확정 요소가 많다. 필자의 대륙이동설과 그 추측이 맞는다면 재미있는 사실을 알 수 있다.

1. 변경된 두 섬

〈One Piece 13권 113화〉에서 이가람은 영구지침을 설명한다. 그 배경으로 알라바스타가 등장한다. 그런데 우리가 알고 있는 알라바스타와 전혀 다른 모양이다. 이가람은 알라바스타의 호위 대장이다. 따라서 이가람이 알라바스타 섬의 형태를 잘못 알 리가 없다. 그럼, 왜 모양이 다른 것일까? 이를 통해, 재미있는 사실을 알 수 있다. 연재 도중, 알라바스타 섬의 모양이 변경되었다는 사실을 알 수 있다. 13권에서 등장한 모양에서도 모종의 이유로 섬의 모양이 변경되었다.

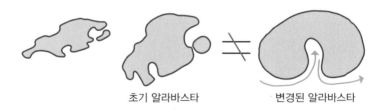

초기 알라바스타   변경된 알라바스타

연재 도중에 모양이 변경된 섬은 알라바스타 섬만이 아니라, 한 곳이 더 있다. 바로 자야이다. 자야에는 황금의 도시, 샨도라가 있는데 샨도라 도시는 섬의 어디에 위치하는가?

몽블랑 크리켓 : "해골의 오른쪽 눈에 황금을 보았다."

~〈One Piece 25권 229화〉

맞다. 오른쪽 눈에 황금의 도시, 샨도라 도시가 위치한다. 그래서 크리켓
은 저 말을 남겼다. 하지만 초기의 자야에서는 아니다.〈One Piece Color
Walk 3권 53page〉 초기의 자야 섬에서 샨도라 도시는 왼쪽 눈에 위치함을
알 수 있다. 나중에 모종의 이유로 오른쪽 눈으로 변경된 것이다. 자야섬의
모양이 변경된 것이다.

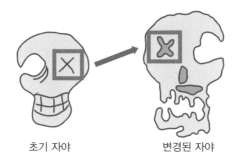

초기 자야   변경된 자야

알라바스타와 자야! 자야와 알라바스타!

두 섬의 공통점이 무엇인가? 바로 샨도라(산도라)이다(L-file 6-4). 알라바
스타에는 산도라 강이 있고, 자야에는 샨도라 도시가 있다. 두 개의 샨도라
9)가 존재하고 지도가 변경된 이유는 샨도라라고 할 수 있다.

---

9) 샨도라(シャンドラ) 도시와 산도라(サンドラ) 강 : 표기상 다르지만, 발음상 유사하다. 필자는
   이 두 단어의 어원이 동일한 샨도라(シャンドラ)로 보고 있다.

2. 변경된 이유

초기 알라바스타 　　　 초기 자야

필자의 대륙이동설이 맞다는 가정 하에 이야기를 전개해 보자. 13권 연재 당시, 알라바스타 섬과 자야섬의 형태는 이와 같았다. 자야에는 샨도라 도시가 해골의 왼쪽 눈에 있었고, 알라바스타에는 산도라 강이 없었다. 여기에 재미를 위해, 샨도라 강이라는 개념을 연재 도중에 추가하고자 한다. 샨도라 강은 샨도라 도시로 흐르는 강으로 설정한다. 샨도라(シャンドラ) 강으로 표기하면 너무 눈에 띈다. 따라서 비슷한 산도라(サンドラ) 강으로 작품에 투입된다.

산도라 강은 샨도라 도시와 연결되어야 한다. 샨도라 도시는 해골의 왼쪽 눈에 있다. 따라서 산도라 강은 자야의 다음 섬에 등장하게 되지만, 이는 좋은 선택이 아니다. 샨도라 도시는 독자들에게 매우 강렬할 인상을 남겼다. 그 후에 샨도라와 비슷한 이름인 산도라 강이 등장하게 된다. 비록 표기가 다르지만, 산도라 강을 주목하게 된다는 것은 전개상 좋지 못하다. 그래서 샨도라 도시의 위치를 왼쪽 눈에서 오른쪽 눈으로 변경한다.

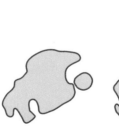

초기 알라바스타 　　　 알라바스타 섬이 아님
　　　　　　　　　　　산도라 강이 있는 새 섬

이제 산도라 강은 자야의 이전 섬에 등장하게 된다. 산도라 강이 있는 새 섬을, 자야섬 이전 섬으로 추가하게 된다. 새 섬에서 산도라 강이 등장하고, 자야 섬에서 샨도라 도시가 등장한다. 산도라 강에 대해 관심이 줄어들게 되고 이는 좋은 결과이며, 좋은 선택이다. 하지만 다른 곳에서 문제가 발생한다.

알라바스타에서 로빈이 합류한다. 로빈은 루피의 적으로 등장했다. 따라서 로빈을 동료로 합류시킨 이유를 빨리 설명해 주어야 한다. 포네그리프를 등장시켜야 한다. 샨도라 도시를 빨리 등장시켜야 한다. 알라바스타 섬과 자야섬 사이에 새 섬을 집어넣을 수 없다. 그래서 새 섬이 아닌, 기존의 알라바스타에 산도라 강을 추가한다. 이로써 알라바스타 섬도, 산도라 강이 없는 모양에서 산도라 강이 있는 모양으로 변경된다.

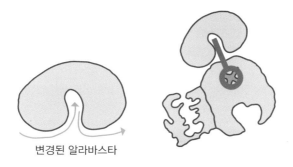

변경된 알라바스타

이렇게 산도라 강은 자야섬, 이전에 해당되는 알라바스타 섬에서 등장한다. 산도라 강은 샨도라 도시와 표기가 달라 관심을 적게 받는다. 모든 관심은 뒤에 등장하는 샨도라 도시에게 간다. 산도라 강은 주목받지 않게 되면서, 두 샨도라가 지리적으로 연결되었던 지역이라는 생각을 하지 못한다. 이는 좋은 결과이다. 이렇게 두 개의 샨도라는 적절하게 작품에 투입된다.

3. 진화하는 One Piece

두 섬의 모양은 연재 도중에 변경되었다. 그 이유는 연재 도중에 '산도라 강'이라는 개념을 만들었기 때문이다. 이렇게 두 섬의 지도가 변경된 이유를 추측할 수 있다. 물론, 지금까지 이야기는 필자의 대륙이동설이 사실이라는 전개를 깔고 있다. 따라서 대륙이동설이 틀렸다면, 아무런 의미가 없다. 또한, 약간의 비약과 억측이 들어가기도 하여 틀릴지도 모른다. 하지만 만약 사실이라면 어떨까? 그럼, 상당히 재미있는 사실을 알 수 있다. One Piece의 대단함을 알 수 있다.

13권 당시에 설정된 섬의 모양을 연재 도중에 변경하였다. 더 좋은 설정과 스토리를 위해서 진화한 것이다. One Piece 스토리는 계속하여 진화한다고 말할 수 있다. 우리가 모르는 사이에 지금도 진화하고 있을지도 모른다. 현재에 만족하지 않고, 끝임없이 진화하고 있음을 알 수 있다.

One Piece D-file 3-1. 정리

One Piece는 진화한다(예 : 두 개의 산도라, 알라바스타 섬과 자야섬의 형태 변경).

글을 쓰며, 겪었던 많은 고난이 생각납니다. 대한민국에서 이런 장르(작품 분석, 연구)를 책으로 출판하는 것은 상당한 모험입니다. 그럼에도 불구하고 출판을 결정해주신 책미래 사장님께 정말 감사하다는 말을 드리고 싶습니다. 이 글을 집필하며 폐를 끼쳤던 가족들에게는 정말 미안하고 또, 제 계획을 들어주고, 글을 읽어준 첫 독자와 친구도 고맙게 생각합니다. 그리고 이 책을 구매하여 글을 읽어주시는 여러분들에게도 정말 감사합니다.

제가 구상하고 있는 One Piece 가설은 L-file과 D-file로 나누어집니다. 또 하나의 세번째 File이 있기는 하지만, 그건 현재 제 머릿속에만 구상하고 있어 제외하면, 두 개의 File로 구성되었다고 할 수 있습니다. 'L'과 'D'는 각각 어떤 단어의 첫 글자입니다.

L-file은 총 11개의 Part로 구성되었습니다. Part Zero부터 Part Ten까지!
각 Part를 설명하면,
Part Zero - 방위와 지도
Part One - Grand Line과 고대왕국, 라프텔
Part Two - 달에 대한 Part! 달민족과 비르카, 고대병기, 공백의 100년
Part Three - Red Line에 대한 Part! 리버스 마운틴, 마리조아, 올블루, 데킬라 울프
Part Four - 악마의 열매(정체, 저주, 능력 원리, 순환 원리), 3계열 차이, 각성

자, 럼블볼, 베가펑크의 능력전달 원리

Part Five부터 Part Nine까지는 아직 Part 순서를 결정하지 못했습니다. 다룰 내용은

- 패기 & 육식 & 맨트라 : 원리(패기, 육식, 맨트라), 3패기의 차이, 패황색 패기의 무서움, 앞으로의 전개 방향(패기, 육식, 맨트라)
- 능력자(티치) : One Piece에 등장하는 능력자와 그에 따른 설정을 설명하는 Part! 티치의 비밀(능력을 2개 가진 원리, 마르코의 이형, 에이스의 두 배, 깃발의 의미, 능력 약탈의 원리, 드럼섬에 간 이유 등)
- 해루석 : 해루석의 원리, 악마의 열매와 관계, 해루석이 존재하는 해역은 어디?
- 포네그리프 : 포네그리프의 비밀
- 비밀의 Part!

여기까지가 Part Nine입니다. 마지막 Part Ten에서는 지금까지 설명한 10개의 Part를 정리하고 추가로 몇 개의 비밀을 더 설명합니다. 그리고 최종적으로 추측해서, 알아낸 사실들을 모두 통합, 융합합니다. 그러면 한 가지가 도출됩니다. 그것이 제가 생각하는 One Piece 결말입니다. Part Ten은 제가 생각하는 결말을 다루게 될 마지막 Part입니다. 이렇게 총 11개의 Part로 L-file은 구성됩니다. 대략 7권 정도로 예상하고 있으며, 잘되면 외전으로 1권이 더 추가될 지도 모르겠습니다.

L-file에 넣기 애매모호한 글들은 모두 D-file이 됩니다. L-file과 관계없거나, L-file을 보조하는 글들은 D-file이 됩니다. '나미의 출생지'는 L-file과 전혀 상관없어서 D-file로 넣었습니다. '진화하는 One Piece'는 L-file을 보조합니다. L-file에 넣을 수도 있었지만, 논리성이 떨어진다고 판단하여 D-file에 넣었습니다. D-file은 논리적인 측면에서 L-file보다 떨어집니다.

여러분은 그냥 재미로 읽으시면 됩니다.

2권이 언제, 어떤 방식으로 나올지, 아님 나오지 못할지 잘 모르겠습니다. 현재 알 수가 없습니다. 만약 "OPS(One Piece Secret)" 2권이 나온다면, 그 때 뵙겠습니다. 제 책을 읽어주셔서 감사합니다.

- 한 명의 One Piece 연구가. LaDa 올림 -

~ http://blog.naver.com/ladafile

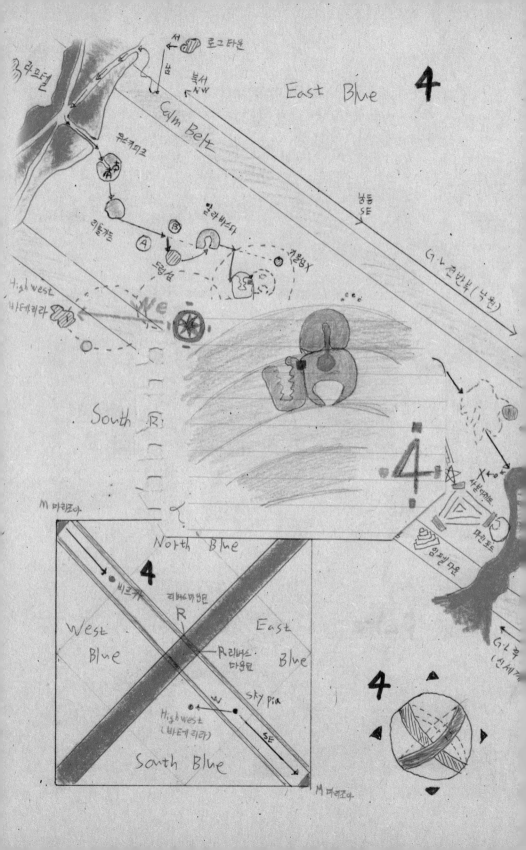